新农村经济社会管理手册丛书

农民专业合作社工作手册

主　编
李瑞芬
编著者
戴晓娟　白　华　王艳霞
王兴玉　田丽敏

金盾出版社

内 容 提 要

本书是“新农村经济社会管理手册丛书”中的一册。全书紧紧围绕如何办好一家农民专业合作社，系统介绍了农民专业合作社的内涵及意义，农民专业合作社的设立，农民专业合作社的运行，农民专业合作社的合并、分立、解散和清算，国家对农民专业合作社的扶持政策，并以较大篇幅附录了我国近年来农民专业合作社的典型案例分析和相关法律与制度。本书以工作手册形式，按照建立与管理农民专业合作社的先后工作程序，分章节对《中华人民共和国农民专业合作社法》做了详细解读，内容全面、实用，查询性和操作性较强，非常适合农民专业合作社的组织者和相关人员使用，也可供相关院校师生阅读参考。

图书在版编目(CIP)数据

农民专业合作社工作手册/李瑞芬主编.—北京:金盾出版社，2013.1(2016.2 重印)
(新农村经济社会管理手册丛书)
ISBN 978-7-5082-7915-2

Ⅰ.①农…　Ⅱ.①李…　Ⅲ.①农业合作社—专业合作社—工作—中国—手册　Ⅳ.①F321.42-62

中国版本图书馆 CIP 数据核字(2012)第 230916 号

金盾出版社出版、总发行
北京太平路 5 号(地铁万寿路站往南)
邮政编码:100036　电话:68214039　83219215
传真:68276683　网址:www.jdcbs.cn
封面印刷:北京凌奇印刷有限责任公司
正文印刷:北京军迪印刷有限责任公司
装订:北京军迪印刷有限责任公司
各地新华书店经销

开本:850×1168 1/32　印张:5.75　字数:132 千字
2016 年 2 月第 1 版第 3 次印刷
印数:15 001～21 000 册　定价:12.00 元

新农村经济社会管理手册丛书编委会

序

党的十六大以来，党中央、国务院出台了一系列强农惠农富农政策，对农民收入水平的提高、农业生产的发展、农村社会的稳定都起到了十分重要的作用。近日，收到北京农学院和金盾出版社共同策划出版的《新农村经济社会管理手册丛书》的相关稿件，并邀我作序。我连日翻阅，深受启发。这套丛书对党的有关强农惠农富农政策进行了系统梳理，对宣传党的农村政策有十分重要的作用。我乐意为之作序。

众所周知，经济发展和社会管理事关国家建设全局。农业是第一产业，农民是最大群体，农村是最基层社区，因此，加快农村经济发展与加强农村社会管理，是我国构建和谐社会，确保国家繁荣发展和长治久安的基础性工程。尤其是，当前我国正处在由农业社会向工业社会、由传统社会向现代社会加快转型的关键时期，农业生产经营方式、农村经济社会结构、农民思想观念等各个方面都在发生着深刻的变化。党中央、国务院审时度势，针对农村经济社会中出现的新情况、新问题，先后出台了一系列加强农村经济社会管理的方针、政策，如何把这些方针、政策尽快地传播到农村基层，转化为广大农民热爱新农村、建设新农村的强大动力，推动我国农村经济的繁荣和社会的发展，是我们面临的一个十分紧迫的重大任务。

北京农学院和金盾出版社以其职业使命感的敏捷思维，策划出版的这套《新农村经济社会管理手册丛书》，正是为宣传贯彻党中央、国务院关于近年来出台的一系列“三农”工作方针政策而组织编写的。它以构建和创立现代农村经济社会管理体系为主线，以党和国家的规范性文件为依据，以回答当前“三农”工作中遇到的一些难点、热点问题为重点，以系列手册性工具书为载体，涵盖了农村土地流转、农民专业合作社、农业补贴政策、农村常用法律法规、农村社会保障、农产品营销、农民进城务工、新农村村干部等方面的内容。参加本套丛书编写的都是长期从事农村社会管理研究、具有相应专业特长和实践经验的专家和学者，每个分册都以相关政策法规、重点难点解读、实施办法和典型案例分析为基本内容，具有很强的科学性、查询性和指导性。工欲善其事，必先利其器。相信这套丛书的出版，必将成为各级农业部门特别是广大农村基层管理者实施农村社会管理的好参谋，必将成为广大农民朋友创业增收的好帮手。

我认为，现代农村经济社会管理是一个重大而长远的课题，随着我国经济社会的不断发展，我们在这方面还会遇到一些新情况、新问题，这就要求我们从事农村经济社会管理研究的专家和学者，在不断研究相关方针政策的同时，也要像北京农学院的同志那样，拿出一定时间和精力，同步开展一些推广普及性研究，以推动这些方针政策真正落实到农村基层，为新农村建设做出一个专家学者应有的贡献。

农业部农村经济研究中心主任 宋洪远

前言

《中华人民共和国农民专业合作社法》颁布以来，农业部按照全国人大、国务院的部署和要求，通过各种途径积极宣传并举办专题培训班，颁布了《农民专业合作社示范章程》，开通了“中国农民专业合作社网”；财政部组织起草了《农民专业合作社财务会计制度》；各地政府也相继出台政策，引导和支持农民创办各类专业合作社。近几年，农民专业合作社发展迅速，成效显著。

为了更进一步帮助广大农村基层干部和农村工作者在组建和发展农民专业合作社的过程中更好地理解、把握农民专业合作社法的基本精神，准确把握方向，依法履行好职责，提高农业行政主管部门对农民专业合作社的指导、扶持、服务的能力；也为了让广大农民了解、掌握设立农民专业合作社的条件、要求、程序、原则等，提高农民的入社积极性，促进农民专业合作社健康发展、规范运作，作者组织编写了《农民专业合作社工作手册》，力求用简洁的语言，深入浅出地阐述农民专业合作社的基本知识、设立要点及过程、内部管理及运行、合并、分立、解散以及政府扶持等问题。本书最大特点是，具有很强的指导性、易懂性和可操作性，从合作社的创办、运行到合并、分立、解散过程中的程序和要点清晰，并附有范例，而且专写了一章农民专业合作社典型案例，每个案例后都有案例分析和启示，给各类农民专业合作社提供可供借鉴的样板，希望为广大农民朋友、合作社负责人和基层干部在农民专业合作社的具体实践中提供一定的帮助。

在本书的编写过程中，笔者参阅了大量的相关书籍、期刊资料，引用了其中的部分内容和案例，在此向有关作者致谢。

编著者

目录

第一章　农民专业合作社概述

一、我国兴办农民专业合作社的意义

（一）兴办农民专业合作社的现实选择

我国农村自实行家庭承包经营制以来，在一家一户的生产经营形式下，农民面对市场要独自出售农产品、购买生产资料、寻求技术服务，但由于量小且分散，导致产品销售价格相对较低，生产资料购买价格相对较高，享受技术服务相对较难，使农民进一步发展生产受到限制，增加收入变得异常困难。对于普通农民来说，要改变这种状况，唯一能想到的办法就是扩大生产经营规模。但是，家家户户都要通过扩大土地经营规模来发展生产，又必然会受制于我国人多地少的基本国情，显然是不现实的。

因此，农民只有以合作的方式，生产、销售同样的产品，联合采购生产资料和技术服务，甚至自己可以拓展一些初级的加工生产，通过合作来形成相对较大的生产经营规模，以此来加强自己讨价还价的能力，提高产品销售价格，降低生产资料采购价格，更方便地获得技术服务，从而增加自己的收入，这是一个现实的选择。因而，合作社的兴办应运而生。

（二）兴办农民专业合作社的好处

兴办农民专业合作社，可以给农民带来诸多好处：一是能够提高农民的市场竞争能力和谈判地位；二是能够便于农民实行标准化生产，保障农产品质量安全，提高产品品质，以更优质的产品获得更好的效益；三是能够让农民享受更广泛、更优质的技术服务、市场营销和信息服务；四是能够便于农民更直接有效地享受国家对农业、农村和农民的扶持政策。

比如说养猪的农民，一家一户分散饲养的时候，选种、买小猪、买饲料、防疫、销售等各种事情都得农民自己到市场上办理，交易的成本也很高。但是，如果各家各户集中起来一起办理时，就方便了很多。选种、买小猪、买饲料的数量大了，价钱就有可能便宜；集中起来进行防疫能方便提供服务的人，同时服务的质量也可能更好，服务的价格也可能降下来；销售的数量多了，不仅卖得方便，卖的价格也能提高。

还比如某一地方生产万寿菊，原来农民是一家一户进行生产的，那时候收购万寿菊的企业对扣水、扣杂比例都要求非常高。后来当地的农民组织起来，成立了万寿菊生产协会，这个协会同当地的加工企业进行沟通，扣水、扣杂率在成立协会前是 32%，通过协会组织农民共同与收购企业进行协调，最后扣水、扣杂率降到了 10%，这一项就让当地的花农每年增收 50 万元以上。可见，联合起来力量大，共同闯市场，可以取得比较好的市场条件。

再比如浙江某一个西兰花生产合作社，该社制定了统一的生产操作规程、质量安全管理守则等一系列规章制度，统一了生产、用药、施肥等环节的技术要求，其产品质量得到很大的提升，实现了从生产到销售的规范化操作程序，现在因为质量有了保证，所以它的产品非常受欢迎。再加上注册了自己的商标，凭借着这个商标所代表的产品质量，可以把产品推向海外市场。

二、什么是农民专业合作社

(一)农民专业合作社的法律定义

农民专业合作社是在农村家庭承包经营基础上，同类农产品的生产经营者或者同类农业生产经营服务的提供者、利用者，自愿联合、民主管理的互助性经济组织。农民专业合作社具有法人资格，是独立的市场经济主体，享有生产经营自主权，受法律保护，任何单位和个人都不得侵犯其合法权益。

值得说明的是，农民专业合作社坚持以家庭承包经营为基础，也就是说，农民成立专业合作社不改变和动摇家庭承包经营的基本农村生产经营制度，所以农民办专业合作社并不是要重新归大堆儿；农民专业合作社是以服务其成员为宗旨，对成员不以营利为目的，但对外仍以利益最大化为目标。

(二)农民专业合作社的基本特征

1. 农民专业合作社是一个经济组织 随着农村承包经营制度的持续深入渗透，我国各种农民合作组织也得到了快速的发展。这些合作组织呈现多样化的发展趋势，比如有农民专业技术协会、农产品合作社、农产品行业协会等，并在提高农业生产、增加农民收入等方面发挥了巨大作用。由于这些组织在机制运行、组织形式、服务内容等方面差异较大，有的已有法律明文规定，有的尚无相关文件规范。

(1)《中华人民共和国农民专业合作社法》(以下简称《农民专业合作社法》)规定 只有从事经营活动的实体型农民合作经济组织才能称为农民专业合作社。

(2)解读 农民专业合作社是以农产品或者农业生产技术服

务为纽带组织起来的组织。而那些只为其成员提供技术信息服务，不以盈利为目的的农民专业技术协会等，不能称为农民专业合作社。

什么是以产品和服务为纽带的专业经营组织呢？举例说明：养猪的农民和种菜的农民，养猪是一种专业活动，种菜也是一种专业活动，种菜的农民有共同的生产和经济需求，只能种菜的联合起来兴办合作社，养猪也一样。如果养猪和种菜的农民一块儿办合作社，养猪的说我现在需要钱买饲料，可是种菜的农民现在需要钱买种子，他们的利益就不一致了，他们的合作可能就有问题，所以《农民专业合作社法》强调农民专业合作社要以同类的农产品为纽带，把农民联系起来组成一个合作社。

2. 农民专业合作社是以农民为主体的专业性经济组织

(1)《农民专业合作社法》规定　①农民专业合作社的成员以农民为主体，农民成员不得少于成员总数的80%，从事与农民专业合作社业务直接有关的生产经营活动的企业、事业单位或者社会团体可依法自愿申请加入，但是，具有管理公共事务职能的单位不得加入。成员总数20人以下的农民专业合作社，可以有一个企业、事业单位和社会团体成员；超过20人的，企业、事业单位和社会团体成员不得超过成员总数的5%。②只有同类农产品的生产者或者同类农业生产经营服务的提供者、利用者，才能按比例依法自愿申请加入。

(2)解读　这些严格规定强调了农民专业合作社的农民主体地位，其目的是使其真正成为农民自己的组织，不被其他经济组织、个人和有权力的单位所左右。

3. 农民专业合作社是自愿联合、民主管理的自治性经济组织

(1)《农民专业合作社法》规定　农民专业合作社是遵循入社自愿、退社自由，以成员地位平等、实现民主管理的原则组织起来的农民自己的合作经济组织，其内部管理完全依照法律、法规和本合作社章程实行民主选举、民主决策、民主管理、民主监督，其他任何单位和个人不得干预合作社内部事务，不得侵犯合作社及其成员的合法权益，否则，就要承担法律责任。县级以上各级人民政府的农业行政主管部门和其他有关部门及有关组织，只能依法对农民专业合作社的建设和发展给予指导、扶持和服务。

(2)解读　农民专业合作社和其他民营经济组织一样，是一种没有行政主管部门的自治性合作经济组织。

4. 农民专业合作社是相互协助、相互服务的自我服务性经济组织

(1)《农民专业合作社法》的规定　①农民专业合作社以其成员为主要服务对象，提供农业生产资料的购买，农产品的销售、加工、运输、贮藏以及与农业生产经营有关的技术、信息等服务；②以服务成员为宗旨，谋求全体成员的共同利益。

(2)解读　《农民专业合作社法》的这些明确规定，表明了农民专业合作社是以谋求全体成员的共同利益为目的、为全体成员提供服务的合作经济组织，同时又是以成员之间的共同需求为前提、以合作社为媒介的成员之间相互补充、相互协作、相互服务的互助性合作经济组织。与其他服务组织不同的特征是具有很强的内部服务性。

5. 农民专业合作社是具有法人资格、承担有限责任的非营利性经济组织

(1)《农民专业合作社法》第四条规定　农民专业合作社依照本法登记，取得法人资格。农民专业合作社对由成员出资、由成员出资形成的公积金、国家财政直接补助、他人捐赠以及合法取得的其他资产所形成的财产，享有占有、使用和处分的权利，并以上述财产对债务承担责任。

(2)解读　农民专业合作社是具有法人资格，承担有限责任的经济组织。其成员也是以其账户内记载的出资额和所享有的公积金份额为限承担有限责任。同时该法还规定,农民专业合作社以服务成员为宗旨,以谋求全体成员的共同利益为目的,其经营服务所取得的盈余还要按照成员与合作社的交易量(额)比例返还给其成员。由此可见,农民专业合作社是一种非营利性的合作经济组织,它并不以谋求组织自身的经济利益为目的。

(三)农民专业合作社与其他经济组织的区别

农民专业合作社是在市场经济环境中发展起来的一种独立经济形态,有别于农村村级集体经济组织、合伙制企业、有限责任公司等经济组织。

1. 与村级集体经济组织的区别 农村村级集体经济组织是以行政村的管辖区域为界限,以村集体所有的土地为纽带,以生活在辖区范围内享有土地承包经营权的农民为成员的集体经济组织。其权力机构是村民委员会,虽然也是自治性组织,但却是政企合一的。而农民专业合作社则是没有行政区域管辖界限的,是以相同性质的经济行为和共同的服务需求为纽带,以从事同类农产品生产或者同类农业生产经营服务的农民,和其他自然人、法人为成员的互助性经济组织。其权力机构是社员大会或者社员代表大会,不具有政企合一性,是单一的服务性经济组织。

农民专业合作社与村级集体经济组织的主要区别是:

(1)生产资料的占用和使用形式不同 农村集体经济组织的生产资料是集体占有;农民专业合作社的生产资料是在所有权不变的基础上共同使用。

(2)职能不同 农村集体经济组织主要解决辖区内农民及经营者需要解决的共同问题,如水利、道路、公共卫生等;农民专业合作社作为经营性组织,主要承担集体经济组织承担不了也不应该承担的职能,比如,家庭经营需要共同解决的购买、销售、加工环节的事情,以及资金、技术、信息等问题。

(3)经营方式不同　农村集体经济组织实行以土地家庭承包为基础的统分结合的经营方式；农民专业合作社是在约定的项目、范围、程度内实行统一经营，结成的利益共同体。

(4)分配方式不同　农村集体经济组织以固定分配、按劳分配为主，目前主要以向成员提供福利为分配形式；农民专业合作社则按照股份、投资额或成员惠顾量分配为主。

(5)形成基础不同　农村集体经济组织是在外力的作用下形成的，自愿不是它的特点；而农民专业合作社是自愿形成的，不受外在因素的制约与干预。

(6)覆盖范围不同　村集体经济组织是社区性的，与村民委员会所管辖范围一致；农民专业合作社可以跨县、跨乡、跨村，不受行政区域限制。

2. 与个人独资企业的区别　在对农民专业合作社进行鉴定时，要与名为合作社实为个人独资企业的经营实体进行区分。从法律上讲，挂有合作社名分而实为个人独资企业的经营实体，必须依照农民专业合作社法进行规范，通过分散出资额、完善内部管理制度、扩大普通成员的经济参与和民主参与，使之逐步符合合作社的基本原则。对上层是“企业运作”，对下层是“合作运作”的“两栖型合作社”，应该明晰产权关系，要么按企业运作，要么按合作社运作。

3. 与合伙制企业的区别　合伙制企业是指两个及两个以上的人为了共同的目标，自愿签订合同、共同出资、共同运营、共担风险的一种企业组织形式。

农民专业合作社与合伙制企业的主要区别是：

(1)成员构成不同　在农民专业合作社中，除了具有管理公共事务职能的单位、公民、企业、事业单位和社会团体之外，从事农业生产、加工、流通、仓储的农民及具有民事行为能力的人，都可以成为农民专业合作社的成员。普通合伙企业只要求两个以上的自然人组成，有限合伙企业由2～50个合伙人组成，国有独资企业，国有企业、上市公司和公益性事业单位、社会团体不能成为合伙人。

(2)成员地位及其作用不同　农民专业合作社不会因为某一社员的加入或退出就影响组织正常的运行。相反，如果一个合伙制企业出现某一合伙人的去留问题，那该企业就必须重新建立新的合伙关系，以此来稳定和平衡企业发生的重大变故。

(3)财产性质、责任形式与法人资格不同　农民专业合作社有独立的法人财产，社员仅以其出资额对合作社的债务承担有限责任。即使合作社资不抵债，债务清偿也不会涉及社员的个人财产。合伙制企业则不同，其财产性质是由合伙协议灵活约定，出资者的财产所有权可以转移为合伙企业共有，也可以转移，只为企业共用。这种财产性质，决定了合伙企业的自然人性质与实行普通合伙人对企业债务具有无限连带责任。

(4)盈余分配方式不同　农民专业合作社的盈余分配主要按照惠顾额返还。合伙企业是按照合伙协议的约定，无约定则按照出资额的比例返还。如果合伙协议既没有相关约定，也不能清晰计算出资额比例，则合伙企业的盈余由合伙人均分。

(5)经营方式不同　农民专业合作社具有法人代表，负责合作社的管理运营。合伙企业的经营活动由合伙人共同决定，合伙人有执行与监督的权利。

4. 与有限责任公司的区别　我国《公司法》规定，所谓有限责任公司，就是股东以其出资额为限对公司承担责任，公司以其全部资产对公司债务承担责任。

农民专业合作社与有限责任公司的主要区别是：

(1)合作基础不同　在有限责任公司中，股东的合作是以出资为基础；而农民专业合作社成员的合作主要是以相同性质的经济行为和共同的服务需求为基础，尽管合作社成员也有一定的出资，但不以出资为合作基础。

(2)目的不同　有限责任公司以营利为目的，追求利润的最大化；农民专业合作社以满足成员的服务需求、降低成员的生产经营成本、谋求成员的共同利益为目的。

(3)分配方式不同　有限责任公司是按股分红；农民专业合作社的盈余则主要按照成员与合作社的交易量(额)比例来返还。

(4)成员构成不同　有限责任公司对法人组织加入没有比例限制；农民专业合作社对法人组织入社有比例限制。

(5)决策形式不同　有限责任公司是一股一票制，大股东说话算数，其目的主要是为了保护大股东的利益；农民专业合作社是一人一票制，实行民主决策。尽管章程可以规定特殊成员享有附加表决权，但附加表决权总票数不得超过基本表决权总票数的20%，其目的主要是为了保护大多数基本农民成员的利益。

5. 与民间社团组织的区别

(1)是否承担经济责任　民间社团组织是社会团体，不承担经济责任，农民专业合作社在成员内部进行生产经营活动承担一定的经济责任。

(2)是否追求盈利　一般群众性社团组织对内对外都不追求盈利，农民专业合作社是一个经济组织，从事经济活动，在成员内部开展经营活动，对外是要讲效益、追求盈利。

6. 与社区性集体经济组织的区别

(1)财产关系不同　社区集体经济组织的财产关系是单一的集体所有制，这种集体财产是“共同共有”还是“按份共有”，在人民公社时期还不明了。农村改革之后，一些地方对社区集体经济组织的财产关系改革还在探索中；而农民专业合作社的财产关系从一开始就是清晰的，社员的出资额以及增值收益始终是社员个人的权益，如果合作社破产或解散，社员享有的财产份额仍然可以退还。

(2)治理结构不同　社区集体经济组织的内部治理机制不民

主。由于社区集体经济组织财产性质的模糊性，在操作过程中其决策权往往控制在少数几个人手里，缺乏决策的民主性；农民专业合作社是民主控制，控制程序也是民主的，内部治理机制是通过法律和章程规定的。

(3)分配制度不同 社区集体经济组织的分配重视劳动过程，实际做成了“大锅饭”；而农民专业合作社的分配重视劳动结果，体现为多劳多得。

三、农民专业合作社的基本类型

(一)根据依托对象的不同分类

1. 政府依托型 此类专业合作社是政府依据自己的行政力量在其所辖区域内先搭起专业合作社的架子，然后再吸收一些专业大户为理事，自上而下组建。

2. 供销社依托型 此类专业合作社是通过依托供销社的人员、结构、固定资产或设施而组建起来的。

3. 社区组织依托型 此类专业合作社是依托村或乡(镇)社区组织而组建的，以社区组织的人力、物力为后盾，具有一定的区域性。

4. 实体依托型 此类专业合作社是依托某一实体组建的。

5. 能人依托型 此类专业合作社是由专业能手或专业大户组建的。

(二)根据发起方式的不同分类

1. 内生型 此类专业合作社是由从事专业生产的农民个人为解决技术、购销等分户经营难以解决的问题而自发联合产生的，如能人带动发起。

2. 外生型　此类专业合作社是有关单位或组织为了有效行使自己的职责或出于自身的利益需要而与农民联合组建的，如政府带头型、集体经济组织带动型、龙头企业带动型、事业单位带动型等。

（三）根据所从事行业领域的不同分类

1. 生产型　此类专业合作社的主要业务是在生产领域，主要是由生产型企业或组织联合发展起来的。

2. 销售型　此类专业合作社主要从事销售领域的经济业务，由销售型组织或个人组建。

3. 综合型　此类专业合作社主要从事农业生产过程中的产、供、销以及种养、加工、销售各个生产经营环节，是由各类型企业、组织、个人组成。

四、农民专业合作社的功能

（一）组织功能

农民专业合作社对发展农村经济、促进农业产业化经营、增加农民收入的组织功能十分明显，具体可归纳为4个方面。

（1）按照国家产业政策，组织成员进行生产与销售，促使农业生产由行政管理过渡到由合作社协调管理；

（2）根据国家产业规划以及市场信息，组织和协调农户进行专业生产，有利于促进农业生产的专业化；

（3）根据市场需求和农民意愿，把分散的专业户、专业村，通过专业合作创建起各种类型的专业生产合作社，组织农民共同闯市场，有利于提高农副产品的市场竞争力；

（4）随着经济的不断发展，通过各类合作经济组织，可以直接组织农业劳动力有序地流转到二、三产业，逐步实现农业规模经营，有利于提高农业产业化经营水平。

（二）中介功能

各地经济发展的实践证明，大公司、大企业、大市场不可能直接面对千家万户。同样，分散经营的农户，既无法直接加入大公司、大企业的经营序列，也无能力进入大市场参与销售农产品的竞争。在市场需求与市场竞争中，农户为避免自然风险与市场风险，需要"合作社"这一中介组织。同样，公司、企业也需要一个中介组织，以节约交易成本。无论公司、企业，还是农户，作为产业链的两端，都需要一个中介组织，使公司与农户对接，使市场与农户对接。

（三）载体功能

所谓载体功能，是指农民专业合作社从单纯的组织功能、中介功能中"跳"出来，逐步向产前和产后延伸，即由农民专业合作社兴办各种经济实体。实现由组织、中介到经济实体的转变是农民专业合作社发展过程中的一次质的飞跃，对增强合作组织产品的市场竞争力、提高初级产品的附加值、增加成员收入具有十分重要的意义。

（四）服务功能

向农户提供覆盖整条产业链的有效服务，是实施农业产业化经营必不可少的手段。由于农民专业合作社的根是扎在农民这块土壤中的，因此它对农户的服务最直接、最具体，从而成为农业社会化服务体系中不可取代的重要组成部分，成为维系农业产业化链条各环节得以稳固相连并延伸的生命线。

五、农民专业合作社的作用

大力发展农民专业合作社，不仅是市场经济条件下提升农业产业发展水平，促进先进农业科技推广，增强农民市场竞争能力，培养农民民主意识、合作意识，提高农民组织化程度，增加农民收入的重要手段；也是推进社会主义新农村建设，实现“生产发展、生活宽裕、村容整洁、乡风文明、管理民主”目标的有效载体；还是解决“三农”问题、推动新农村建设、构建农村和谐社会的切入点和重要抓手。

（一）农民专业合作社对农民的作用

1. 降低生产成本 通过农民专业合作社，农民可以联合购买使用大型的生产资料，如农业机械、加工设备等，降低独立购买这些生产资料时必须支付的消耗成本；可以统一批量采购农用生产资料，获得较低的市场价格；可以联合引进、使用先进技术，降低单个农户提高技术水平的成本。

2. 降低交易费用 农民买卖农产品的交易费用，主要包括界定和保障农产品产权的费用、发现交易对象和交易价的费用、讨价还价的费用、订立和执行交易合同的费用、监督违约行为并对之进行制裁的费用以及维护交易秩序的费用等。如果农民通过农民专业合作社来销售农产品、购买生产资料，就可以使多个成员到市场进行的多次交易变为一次。由于交易费用与交易次数成正向关系，成员的数量越多，交易的市场越复杂，则农民专业合作社节约交易费用的成效就越明显。

3. 提高农民谈判地位 在市场经济中，竞争能力的强弱与组织化程度呈正相关。分散的小农户因其规模小、素质低、实力弱，进入市场时，很难获得与交易对手平等的谈判地位，极易成为中间商的盘剥对象。农民专业合作社作为一个整体参与市场交易，就可有效地抵御各方面对农民利益的侵蚀，提高农民在市场中的地位。

4. 提高农民抵御风险的能力 一是降低市场风险；二是提高抵御自然风险的能力；三是减少技术风险。

5. 统一技术标准，创造产品品牌，实现规模效益 单个农户生产规模小，注册申请一个品牌是不可思议的事情。但通过农民专业合作社就可以把生产同类产品的农户联合起来，统一技术标准，创造出自己的农产品品牌，提高农产品的附加值。

6. 提高农民素质 通过参与农民专业合作社的建设和运行过程，农民可以在科技应用、分工协作、组织管理、市场营销、对外交往以及民主决策等方面得到直接锻炼，从而提高市场意识、科技意识、民主意识、合作意识，提高自我组织、自我服务、自我管理的能力。

（二）农民专业合作社对其他市场主体的作用

1. 降低龙头企业的交易成本 可以通过促进专业化生产，为龙头企业提供稳定的原料基地。与单个农户相比，农民专业合作社的经济实力更强，更值得信任，龙头企业更愿意与其建立长期、稳定的契约关系，避免与分散农户进行交易时可能面对的违约风险。

2. 与农村集体经济组织相互促进 农民专业合作社是兼顾公平与效率的组织，在不同市场主体之间起着某种制衡作用，也担负着促进农村社会发展的部分公益职责，可以在许多方面与农村集体经济组织建立密切的协作关系。

（三）农民专业合作社对政府的作用

1. 落实国家产业政策 农民专业合作社对自身行业的发展比较熟悉，从而可以帮助政府制定有关的产业政策，并协助落实。特别是加入世界贸易组织后，政府对农业的宏观调控手段将集中在"绿箱"①和"黄箱"②政策方面，而这些政策的落实依靠传统的行政渠道，成本高而且效率低。农民专业合作社的发展，为落实国家对农民和农业的扶持提供了一个新的渠道。特别是对特定行业的扶持政策，通过由从事该行业的农民组成的合作组织来实施，必将是最有效率的途径。

2. 反映农民意愿 农民可以通过专业合作组织把自己的意愿和要求及时反映给政府。同时，也可以及时得到政府发布的农业产销、科技和政策等信息，提高政府对农业经济调控的针对性和有效性。国际经验表明，农民专业合作社在政府与国外进行农产品贸易谈判时，也是一个极具分量的筹码。

总之，农民专业合作社主要是利用规模效应，为其成员购买物美价廉的农业生产资料，帮助成员统一销售、加工、运输、贮藏农产品，把分散的个体经营农户与整个农产品市场相衔接，克服分散的农户弱小无助，市场信息不灵，种植、养殖盲目，加工能力弱小，农产品保鲜和运输不便，且易受中间商的盘剥等一系列现阶段阻碍我国现代农业发展的困难。在农村实行家庭联产承包责任制和市场经济体制的今天，农村普遍存在着组织制度缺失等问题，农民专

---

① "绿箱"政策是用来描述在乌拉圭回合农业协议下不需要做出减让承诺的国内支持政策的术语，是指政府通过服务计划，提供没有或仅有最微小的贸易扭曲作用的农业支持补贴。

② "黄箱"政策是指那些对生产和贸易产生扭曲作用的政策，主要包括：价格补贴，营销贷款，面积补贴，牲畜数量补贴，种子、肥料、灌溉等投入补贴，部分有补贴的贷款项目。

业合作社的出现，弥补了政府在农村地区提供有效公共服务的不足，充当了公共服务的桥梁，对国家整体经济社会发展和有效解决“三农”问题有着重要意义。

第二章　农民专业合作社的设立

一、农民专业合作社设立的基本流程

由于我国地域差别显著，东、中、西部无论从资源条件、风俗习惯，还是从市场条件、经济政治环境等方面，都存在较大差别。因此，在发展农村专业合作社的具体环节上，方法、措施会有所不同。但是在一般情况下，农民专业合作社的设立要经过以下几个基本阶段。

（一）发起筹备

1. 成立筹备委员会，制定筹备工作方案　筹委会主要由发起人和有关工作人员组成，必要时应成立专门办事机构，具体负责筹备和制定工作方案。工作方案包括为什么筹建该合作社，由谁牵头发起，会员入会条件及合作社筹备程序等。

2. 由发起人拟定社名，确立业务范围　发起人一般由5～7人组成，由发起人会商拟定合作社名称，确定本组织业务区域、业务项目、经营方式，并说明发起成立的缘由，预计会员人数及筹集的资金总额等。

3. 准备发起申请书　将上述发起人讨论研究确定的内容填入合作社发起申请表，并同时准备好申请报告。申请报告内容主要包括：本社宗旨，业务范围，经营效益，内设机构和下属组织等。

（二）申报批准

向主管部门申报批准，主要是便于合作社的主管部门与发起人加强联系，加强业务指导和管理。主管部门接到合作社发起人报送的组建申请书后，应认真进行审查，包括发起人是否有组织能力，该合作社业务数量是否达到组建规模，预期效益如何等。基本符合条件后，即可下达同意组建批复。

（三）制定章程

申请人接到主管部门准予组建的批复公文后，应即时召开筹委会，吸纳会员，参照农民专业合作社示范章程拟定本组织章程及业务计划草案，并及时推荐理事会、监事会候选人名单，依托有关部门和社会力量创建合作社，吸纳足够数量的农民成员参加理事会和监事会。

（四）召开成立大会

在上述各项筹备工作任务完成后，即可呈请当地合作社主管部门派人员出席指导，并于合作社成立 7 日前，通知会员参加大会，如会员较多，则可按规定要求选派会员代表出席成立大会。成立大会一般包括如下议程：

（1）主持人宣布本合作社加入成员名单、人数、代表人数，全体设立人到齐后即宣布成立大会开始；

（2）筹委会负责人作合作社筹备工作报告；

（3）主管机关负责人宣布本合作社成立的批复；

（4）宣读章程草案，并请讨论后表决通过；

（5）提出理事会、监事会候选人名单，并进行选举；

（6）理事会、监事会分别召开第一次会议，推选常务理事、理事长和监事长；

（7）主持人宣布常务理事、理事长、监事长等人选名单；

（8）理事长、监事长讲话；

（9）党政领导和有关社会各界代表讲话；

(10)宣布成立大会结束。

(五)组建工作机构

1. 召开工作会议,成立办事机构 由理事长主持常务理事工作会议,研究成立合作社办事机构和有关业务指导部门。业务大的合作社,可由理事长聘任总经理。

2. 聘任办事机构业务部门负责人 业务量小的合作社,由理事长直接聘任,设置总经理的由总经理聘任部门负责人。由各部门负责人招聘精干业务工作人员。

3. 召开业务会议 由理事长或总经理主持、有关业务部门参加讨论研究工作计划,布置和开展合作社业务工作。

(六)办理登记

依法登记是农民专业合作社开展生产经营活动并获得法律保护的重要依据。县(区)工商行政管理部门是农民专业合作社登记机关。登记事项包括:①名称(应当含有“专业合作社”字样);②住所;③成员出资总额;④业务范围;⑤法定代表人姓名。根据《农民专业合作社法》第十三条规定,设立农民专业合作社,应当向工商行政管理部门提交相关文件,申请设立登记。

登记需要提交的文件包括:①法定代表人签署的农民专业合作社登记申请书;②全体设立人签名、盖章的设立大会纪要;③全体设立人签名、盖章的章程;④法定代表人、理事的任职文件及身份证明;⑤全体出资成员签名、盖章的出资清单;⑥法定代表人签署的成员名册及成员的身份证明(农民提交户口本复印件,非农民提交身份证复印件,单位成员提供营业执照);⑦住所使用证明(产权证明或村委会提交的证明);⑧指定代表或者委托代理人的证明;⑨名称预先核准通知书(经名称预先核准的须提交);⑩登记前置许可文件(业务范围涉及前置许可的须提交)。提交的文件一律使用A4纸印制。此外,必须要有5名以上成员才能设立,农民成员至少占总数的80%。需要特别注意的是,农民专业合作社向登记机关提交的出资清单,只要有出资成员签名、盖章即可,无须其他机构的验资证明。申请登记的文件是农民专业合作社显示组织合法存在的证明,也是成员资格和权力有效存在的重要证明,其真实可靠性是保证社会交易安全的必然要求。《农民专业合作社法》第五十五条规定,农民专业合作社向登记机关提供虚假登记材料或者采取其他欺诈手段取得登记的,由登记机关责令改正;情节严重的,撤销登记。

登记程序由申请、审查、核准发照以及公告等几个阶段组成。《农民专业合作社法》第十三条规定,农民专业合作社登记办法由国务院规定,并明确办理登记不得收取费用。

二、农民专业合作社的发起方式

前面已经提到,我国东、中、西部差异很大,因此,农民专业合作社在发起的方式上也不尽相同。概括来讲,我国农民专业合作社的发起方式有以下5种。

(一)政府牵头型

政府牵头型是指政府在其所辖范围内先搭建起合作社的框架,而后再吸聚一批农民专业大户为理事,进而带动合作社的发展。但在2007年7月1日颁布实施的《农民专业合作社法》中却有明文规定,具有管理公共事务职能的单位不得加入农民专业合作社。该规定似乎与政府牵头的合作社发展自相矛盾,但以我国目前的农村经济发展情况和农民专业合作社发展状况来看,倘若政府没有加以引导与支持,而是游离于合作社发展之外,合作社的发展将会受到很大阻碍。举例来讲,在我国西部的较落后地区,农民素质普遍较低，组织意识普遍薄弱，如果当地政府不能出面策划农民专业合作社，仅仅依靠农民自己来组建是很不现实的。首先，农民自身对组织管理的能力有限，仅依靠农民根本无法维持合作社的正常运转；其次，农民对市场信息的把握能力有限，在当前激烈的市场竞争中，农民很难把握住市场良机；再者，农民自身财源也有限，倘若合作社遭遇经济危机，农民很难应对。所以，在我国较落后地区，先由政府牵头组建农民专业合作社，而后再吸收大批农民加入进来，这不失为一个明智的选择，也是一个现实的选择。但要说明的是，这种模式缺乏客观规范的管理机制，倘若在以后的发展过程中再进一步规范整合，势必造成投入成本过高，因此，政府牵头型合作社发展模式不应大范围地推广使用。

（二）龙头企业带动型

"公司＋农户"的组织模式曾在我国农业产业化的过程中发挥过极大的作用，并取得过显著的成效。但我们要看到一个现实，那就是公司与农户是一对有矛盾的共同体，它们之间多数情况下未能聚焦共同的利益，在面对市场考验时，双方都很容易违约。因此，在目前的情况下，若由龙头企业牵头组建农民专业合作社，把企业与农民都纳入到该合作社中来，双方形成利益共同体从而达到双赢，应该是当下最恰当的选择。合作社由企业来带动，这类企业往往是农产品加工企业与农产品营销企业。这些企业与农户的联合，不仅有"公司＋农户"效率高的优势，而且也能在很大程度上规避市场风险。该发展模式优势明显，概括来讲：一是企业与农户形成一种互补关系，双方互相影响，互为盈利。比如，企业与农户形成原材料的供应者与被供应者，原材料的质量直接影响到产品的质量，而产品质量又最终关乎企业的利益所在。因此，双方的这种关系在市场的调节下最终会趋于平衡，即农民有种植、养殖的积极性，企业也可以从中多多获利。二是公司对市场的快速反应能力，能及时通过合作社影响到农民，并促其调整生产。三是合作社可以多借鉴公司规范化的操作流程，以尽量减少不必要的机会成本。

近几年，各省、市立足当地产业优势，引导发展龙头企业带动型合作社，成效显著。例如，山东省潍坊市自2009年以来，立足产业优势，积极引导龙头企业兴办农民专业合作社，取得显著经济效益。截至2010年3月底，全市登记注册的农民专业合作社达2 903家，吸纳社员2.8万人，带动农户79.6万户。

按照“区分类别、一社一策”的原则，潍坊市立足农作物种植面积广、农产品加工企业多的优势，引导外贸、烟草等龙头企业组织创办种植型专业合作社；立足肉鸡、生猪等养殖户多，企业加工能力强的优势，引导得利斯、万年等肉食加工龙头企业牵头兴办养殖型专业合作社；引导农资、农机、供销等涉农企业发挥作用，牵头成立涉农服务型专业合作社。

合作社一方面与龙头企业洽谈签订供销协议，帮助社员建立稳定的销售渠道，力求多方共赢；另一方面完善内部运行机制，引导合作社成员结成“风险共担、利益共享、相互依存、共同发展”的利益共同体。例如潍坊市诸城市烟草公司兴办的鑫兴烟叶生产专业合作社，就是一个典型的龙头企业带动型农民专业合作社，该企业依托龙头企业，一方面统一为成员提供育苗、销售、贷款等服务；另一方面，完善内部管理，实行庄园式管理，同时建立风险共担、利益共享、相互依存、共同发展的运行机制，入社烟农亩均增收近300元。在该专业合作社的带动下，全市烟农自发兴办了53个黄烟生产专业合作社，种植面积达到10.8万亩[①]，得到农业部的肯定。

为推进农民专业合作社快速健康发展，潍坊市在资金帮扶、金

---

① 1亩＝667米^2。

融支持、税收扶持、技术支持、市场准入等方面，出台了一系列帮扶举措。该市大力扶持农民申办农民专业合作社，全面落实优先指导、优先受理、优先审核、优先发照、费用全免的政策措施。同时，该市工商机关创新登记服务方式，设立农民专业合作社登记注册窗口，开辟“绿色通道”，基层工商所工作人员上门办照，减少了中间环节，缩短了办照时间。

结合当地农业资源特点和产业优势，潍坊市积极引导农民专业合作社为特色产品申请注册商标、申请认定著名商标，以提高品牌效应，增强发展后劲。诸城市玉元蛋鸡专业合作社的鸡蛋注册商标后，价格比普通鸡蛋每公斤高出 0.2 元，530 多户养鸡专业户从中受益。2010 年，潍坊市农民专业合作社已注册商标 20 多件，其中诸城山东头茶叶生产合作社的碧龙春、诸城市粮丰农产品合作社的喜庆被认定为山东省著名商标，品牌效应逐步显现，产品畅销省内外，获得了良好的经济效益。

（三）集体经济组织带动型

在我国，集体经济组织是以社会主义公有制为基础，以土地为基本生产资料组建起来的经济组织。集体经济组织在我国已经有很好的群众基础，比如农产品供销社、农村社区经济组织等。农村集体经济组织不同于先前的行政机关与企业法人，它有其自身独有的优势：①集体经济组织的管理人员主要是当地的农民，他们对当地的生产力水平与农户个体情况了解较多，能很方便地组织农民加入合作社；②集体经济组织原先已经汇集了农民的一些生产工具，物质基础有保障；③该组织在我国已有较长的历史，农民相对容易接受要筹建的合作社。这些优势很容易让农民在短时间内接受合作社并积极加入，这不单是农民专业合作社发展的需要，也是农民的福音。

（四）能人带动型

能人带动型合作社是指有农民生产经营大户、农民种植专家等有较强经营生产能力的人牵头成立农民专业合作社。这些“能人”之所以能够牵头筹建合作社，主要基于他们的以下优点：①这些能人对市场动态的关注度较高，能先于普通农民及时、准确地把握市场信息并做出应对之策；②他们的文化程度较高，管理能力较强，能够适应合作社发展的需要；③他们的个人资产往往较多，不仅能满足合作社注册资金的数额，而且能够为合作社提供一个良好的声誉，以吸纳更多农民的参与。通常情况下，该模式适合在欠发达地区或交通不便的地区开展。如江西省南昌县鄱阳湖裕丰水产品合作社是一个典型的能人带动型农民专业合作社，理事长刘金水依托其较强的管理能力、对市场的分析应对能力及资金实力，牵头组织成立了合作社，统一采购饲料、统一成鱼销售，避免了相互压级压价，降低了生产成本。2007 年，仅淡水白鲳就直接为社员增收 1008 万元；2008 年，该合作社社员养殖面积增加至 3 万多亩。据报道，纵观江西省农民专业合作社，凡规范运作好、服务功能好、分配机制好、增收效果好的合作社，都有一个能人领头。能人带动，可发挥能人市场信息灵、销售渠道稳的优势。

因此，业内人士认为，在寻找以社联农富农结合点的现阶段，各地要大力引导、支持能人牵头领办专业合作社，通过这些合作社，增强产业集聚能力，提升产业和产品竞争力，实现产业增效、社员增收。

（五）事业单位带动型

依据《农民专业合作社法》的规定，事业单位是有组建农民专业合作社的权利的。这些事业单位主要是一些涉农的单位，包括农技推广部门、农业科研院所等。长期以来，这些单位在农业发展过程中发挥了巨大作用，以其作为合作社的牵头人优势明显。涉农事业单位长期与农村接触，了解农村、农业、农民的发展现状，加之他们自身有很多增产增收的新技术，由他们牵头筹建合作社，可以便捷快速地将那些新技术转变为现实生产力。除此之外，涉农事业单位往往有较多的固定资产，可为合作社的发展打下坚实基础。

农民专业合作社的五种发起模式各有千秋，各具特色，它们到底适应哪些地区，要针对各地不同的经济社会环境来做出选择。总体来讲，我国的中、西部地区较为落后，农民素质较低，观念更新较慢，选择集体经济组织带动型的合作社较为适合；而东部地区经济较为发达，农民综合素质较高，能人带动型的合作社有广阔的发展前景。

三、申请设立农民专业合作社的注意事项

（一）申请设立农民专业合作社应遵从的原则

1. 国际合作社原则　国际合作社联盟对合作社的定义是："合作社是自愿联合起来的人们通过联合所有与民主控制的企业来满足他们共同的经济、社会与文化的需求与抱负的自治联合体。"①国际合作社原则的基本原则是：开放的社员资格、民主管理、盈余按惠顾额返还。国际合作社联盟认为，只要具备这三条，就可以归类为合作社。当然，国际上合作社制度的安排并没有完全拘泥于上述原则，也在随实践的发展而不断发展，并就合作社的制度做着适度调整，但这些调整并不改变三大原则的基本精神。

2. 国内合作社原则　建立我国农民专业合作社的法律制度，

① 来自《关于合作社特征的宣言》。

前提是遵循国际合作社原则的基本精神，同时又不完全拘泥于国际合作社原则。我国设立农民专业合作社应遵循以下原则。

(1)组成成员以农民为主 农民专业合作社以服务农民为宗旨，为坚持这一宗旨，也为发挥合作社在解决“三农”问题方面的作用，凸显农民在合作社中的主人地位，《农民专业合作社法》明文规定，农民在专业合作社成员中的比例至少应为80%，同时也对合作社中企事业单位和社会团体的成员比例进行了限制，成员总数20人以下的，可以有1个企业、事业单位或者社会团体成员；成员总数超过20人的，企业、事业单位或社会团体成员不得超过成员总数的5%。

(2)以服务成员为合作社宗旨 农民专业合作社应谋求全体成员的共同利益，以成员自我服务为目的。参加合作社的成员，全部是从事同类农产品的生产、经营或提供同类服务的生产经营者，其目的就是想通过成员间的互助合作来提高生产效率，完成单个成员干不好或干不成的事。合作社互助合作的特点，也决定了农民专业合作社“以服务成员为宗旨，以谋求成员共同利益为目的”的基本原则。

(3)成员地位平等，实行民主管理 《农民专业合作社法》就农民专业合作社的组织机构和民主管理两方面做了详细规定：农民专业合作社成员大会是本社的最高权力机构，合作社必须设理事长，也可以根据自身需要设立成员代表大会(成员人数应在150人以上)，理事会、执行监事或者监事会；成员可以通过民主程序直接参与合作社的生产经营活动。

(4)入社自愿，退社自由 农民专业合作社是互助性的经济组织，凡具有民事行为能力的公民，能够利用合作社提供的服务，承认并遵守合作社章程，履行章程规定的入社手续的，均可以成为合作社的成员。农民可以自愿加入一个或多个农民专业合作社，农民入社并不改变其土地的家庭承包经营。同时，农民也可以自由退出农民专业合作社，社员一旦退出，合作社就应当按照本社章程规定的方式和期限，退还记载在该社员账户上的出资额和公积金份额，并将成员资格终止前的可分配盈余依法返还给该社员。

(5)返还盈余主要按成员与农民专业合作社的交易量(额)比例来确定　盈余分配方式的不同是农民专业合作社与其他经济组织的重要区别。为体现分配盈余主要按照成员与合作社的交易量(额)比例返还的原则，保障一般成员与出资较多成员两方的积极性，可分配盈余中按成员与本社的交易量(额)比例返还的总额不得低于可分配盈余的60%，其余部分可以依法按分红的方式，按成员在合作社财产中的相应比例分配给成员。

3. 国内合作社原则对国际合作社原则的突破　从国内实际情况来看，对国际合作社原则的突破主要体现在5个方面：一是适度放宽了对资本权利的限制，以利于吸引资金，鼓励农民专业合作社向纵向一体化的方向发展；二是放宽了对社员资格的限制，以利于专业合作社吸引更多的人才与资金；三是放开了对盈利性业务的限制，以利于提高农民专业合作社的良性竞争；四是降低了入社门槛，以利于有合作愿望而资金不足的农民加入到合作社中来；五是注重农民专业合作社内部治理机制的包容性，比如是否设立经理职位，是否设立社员代表大会，公积金是否提取及是否量化等，这些在合作社章程中都有详细说明。

当然，这些突破没有改变农民专业合作社的基本特征，如果违反其设立的基本原则精神，必将出现大量异质合作社，合作社的发展很有可能会杂乱无序。

(二)申请设立农民专业合作社应具备的条件

(1)有5名以上符合规定的成员(后有详细叙述)；

(2)有符合《农民专业合作社法》规定的章程，农民专业合作社章程；

(3)有符合《农民专业合作社法》规定的组织机构,包括成员(代表)大会、理事会、监事会;

(4)有符合法律、行政法规规定的名称和章程确定的住所;

(5)有符合章程规定的成员出资。

(三)入社成员的条件

《农民专业合作社法》第十四条规定,具有民事行为能力的公民,以及从事与农民专业合作社业务直接有关的生产经营活动的企业、事业单位或者社会团体,能够利用农民专业合作社提供的服务,承认并遵守农民专业合作社章程,履行章程规定的入社手续的,可以成为农民专业合作社的成员。但是,具有管理公共事务职能的单位不得加入农民专业合作社。该法对自然人、法人及其他组织加入合作社的资格有不同的规定。

1. 入社成员的资格条件

(1)自然人资格　对于自然人来讲,必须是具有民事行为能力的公民。这里主要强调,农民专业合作社的成员至少要符合 2 个条件:一是为中国公民,这是对自然人国籍身份的要求;二是要具有民事行为能力,也就是要符合法律规定的相关条件,在合作社中能以自己的名义享受权利并承担义务。《农民专业合作社法》对自然人成员民事行为能力的规定,是基于我国农村的实际情况做出的决定,这既能保障我国农业生产的顺利进行,又能保证自然人成员许可资格的广泛认可。另外,农民专业合作社也可以根据经营业务情况和本社的实际需要,对成员的民事行为能力做出具体的规定。

(2)企业、事业单位及其他社会组织的资格　对于企业、事业单位及其他社会组织而言,《农民专业合作社法》要求其必须从事与农民专业合作社业务直接相关的生产经营活动。这一规定,首先肯定了企业、事业单位和其他组织团体可以以组织成员的身份加入合作社，同时也强调了其经营业务的相关性。该法允许农民专业合作社中可以有企业、事业单位和社会团体，主要是考虑到我国的农民专业合作社尚处于发展的初级阶段，其规模较小、资金和技术也很缺乏、基础设施落后、生产和销售的信息不畅通等。合作社吸收这些组织团体，有利于发挥其资金、市场、技术和经验上的优势，提高本社生产经营水平和抵御风险的能力，同时也有助于购买生产资料、销售农副产品。当然，对于企业、事业单位和社会团体而言，加入合作社也可以降低它们的生产经营成本，稳定原料供应基地，提高其产品质量和标准化水平。需要强调的是，这些企业、事业单位和社会团体，是从事与农民专业合作社业务直接相关的生产经营活动的单位。直接相关的生产经营活动主要指从事农产品的生产、运输、贮藏、加工、销售及相关售后服务等。

具有管理公共事务职能的单位不得加入农民专业合作社。其原因是，具有管理公共事务职能的单位不仅仅是各级政府机关，也包括依法授权具有管理公共事务职能的其他组织，也就是国家机关以外的组织。这些组织在我国有很多，比如经授权的企业、事业单位和社会团体等。《农民专业合作社法》之所以要排除这些单位，是因为这些单位是要面向社会提供公共服务，保持中立性是这些单位的基本属性之一，同时这也有助于提供服务的公平。而一旦这些单位也加入到合作社中来，必将使该合作社比其他合作社优先获得公共服务，这样显失公平。所以，根据《农民专业合作社法》的规定，凡具有管理公共事务职能的单位，不管其单位的性质如何，也不论其执行的公共事务与合作社的业务有无关联，均不得以任何身份成为农民专业合作社的成员。对于已经加入农民专业合作社的这些单位，应当根据《农民专业合作社法》的规定退出合作社。

2. 入社成员的其他条件

(1)能够利用农民专业合作社提供的服务　合作社成立的目

的就是要实现并维护成员的共同利益，因此，合作社的成员应该能够利用合作社提供的服务。只有在这一前提之下，合作社才有存在的必要。

(2)能够承认并遵守本社章程　章程是农民专业合作社正常运行和进行生产经营活动的基本准则，是全体社员的共同意愿表白。无论是自然人、法人或者非法人组织，只有承认并遵守本社的章程，才有可能成为本社的社员。承认并遵守章程是要承认章程的全部内容，遵守章程所有记载事项的规定，在享受权利的同时要履行相应义务。任何人或组织都不得在对章程记载的事项提出异议或者持保留意见的前提下成为本社的成员。

(3)能够履行章程规定的入社手续　《农民专业合作社法》未就加入合作社的入社手续做出具体规定，但是明确指出各个合作社的章程中应有明确详细的规定，并要记载成员入社的相关手续。

(四)农民专业合作社产权的规定

产权是包括所有权、使用权、收益权、处分权在内的一个集合概念，《农民专业合作社法》对合作社成员的个人产权和法人产权有明确的规定。

1. 个人产权　农民专业合作社是成员共同出资兴办的经济组织，成员入社的股本及增值始终是成员所有者的权益。其成员个人产权享有盈余分配权，享有国家扶持资金和社会捐赠资金的收益权，享有公积金的分割受益权。

2. 法人产权　农民专业合作社的法人产权是由出资入股加入合作社的农民所有，由合作社依法占有、使用、处分的具有排除国家、其他组织或合作社以外任何人的权利。其主要体现为对成员出资、由成员出资形成的公积金、国家财政扶持、社会捐赠、其他合作社收益及合作社的房屋、设备等有形资产和以合作社名义取得的专利、商标、非专利技术、商誉等无形资产，依照法律规定和章程的约定享有占有、使用和处分的权利。

四、制定农民专业合作社章程

申请人接到主管部门准予组建的批复后，参照有关示范章程拟定本社章程。

（一）什么是农民专业合作社章程

农民专业合作社章程是农民专业合作社在《农民专业合作社法》及国家法规、政策规定的框架内，由本社的全体成员根据本社的特点和发展目标制定的，并由全体成员共同遵守的行为准则。可以说，农民专业合作社章程就是农民专业合作社的“宪法”。没有章程，农民专业合作社就无法建立、无法运行。

（二）制定农民专业合作社章程的原则

在制定合作社章程时要注意以下两点：一是制定的章程要遵守我国的法律法规，要在《农民专业合作社法》及其他相关法律规定的框架之内；二是制定的章程要结合本社的实际情况，要因势利导，参照示范章程来草拟，但切忌照搬照抄。

（三）制定农民专业合作社章程的要求

《农民专业合作社法》在第十一条和第十四条中规定，合作社章程由本社的全体成员一致通过并共同遵守，是全体成员的行为准则。所以，合作社章程应当采用书面形式，全体设立人在章程上签名盖章。农民专业合作社的章程是农民专业合作社自治特征的重要体现，因此，对于合作社的重要事项，都应当在本社章程中写明。另外，章程若要修改，须经成员大会做出修改本社章程的决议，并依照《农民专业合作社法》的规定，只有占本社成员表决权总数的 2/3 以上通过，修改的章程方能生效。

（四）农民专业合作社章程的主要内容

《农民专业合作社法》第十二条规定了农民专业合作社章程应当载明的事项，具体包括：

1. 名称和住所

（1）*名称* 任何一家农民专业合作社都必须有自己的名称，且只能有唯一的一个名称。合作社的名称应当体现本社的经营内容和特色，并符合相关规定。农民专业合作社名称依次由行政区划、字号、行业或经营特点、专业合作社组成。在登记机关辖区内不得与已登记注册的同行业农民专业合作社名称以及企业名称相同或者近似，否则将来名称或商标会受到侵权，无法受法律保护。

（2）*住所* 住所也是农民专业合作社注册登记的重要事项之一，经登记的合作社住所也具有唯一性。合作社若要变更住所，必须进行住所变更登记。合作社的住所应当在登记机关管辖范围之内，住所地的确定，需要农民专业合作社全体成员一致通过，且写进本社章程。农民专业合作社的住所可以是专门的场所，也可以是某成员的家庭住所。

2. 业务范围 合作社章程中应当明确列出本社要经营的产品或服务的内容，这同时也是工商登记时要确定的事项之一。合作社的业务范围，通常为同类农产品的生产经营者提供农业生产资料的购买，农产品的销售、加工、运输、贮藏以及与农业生产经营有关的技术、信息等服务。法律、行政法规和国务院决定规定在登记前须批准的经营项目，按照国家有关部门许可或批准的经营项目核定业务范围；不涉及前置许可的经营项目，根据申请人的申请，可以按照《农民专业合作社登记管理条例》规定的内容核定。

3. 成员资格及入社、退社与除名

（1）成员资格 《农民专业合作社法》第十四条规定，具有民事行为能力的公民，以及从事与农民专业合作社业务直接有关的生产经营活动的企业、事业单位或者社会团体，能够利用农民专业合作社提供的服务，承认并遵守农民专业合作社章程，履行章程规定的入社手续的，可以成为农民专业合作社的成员。在法律第十四条内的框架下，也可以自行确定从事业务范围的成员资格。

(2)入社　成员的入社条件、程序、手续，由合作社章程规定。

(3)退社　成员退社只要在规定的时间内提出声明即可。这里说的规定时间，一是指《农民专业合作社法》第十九条的规定：自然人成员退出的，应当在财务年度终了的 3 个月前(即每年的 9 月份)向理事长或理事会提出；企业、事业单位和社会团体成员退社的，应当在财务年度终了的 6 个月前(即每年的 6 月份)提出；二是章程还可以在法律规定外，另行规定自己的退出时间，如果本社章程另有规定的，本社成员退出从其规定。

(4)除名　对成员除名的条件及程序由合作社章程规定。这条一定要在章程中制定清楚，否则将来出现社员不尽义务或违反规定时合作社对其束手无策。

4. 成员的权利和义务　《农民专业合作社法》在第十六条和第十八条对合作社成员的权利及义务做了弹性规定。

成员的权利包括：

(1)参加成员大会，并享有表决权、选举权和被选举权；

(2)利用本社提供的服务和生产经营设施；

(3)按照本社章程规定或者成员大会决议分享本社盈余；

(4)查阅本社章程、成员名册、成员大会记录、理事会会议决议、监事会议决议、财务会计报告和会计账簿；

(5)对本社的工作提出质询、批评和建议；

(6)提议召开临时成员大会；

(7)自由提出退社声明，依照本社章程规定退出本社；

(8)成员共同议定的其他权利。

成员的义务包括：

(1)遵守本社章程和各项规章制度，执行成员大会和理事会决议；

(2)按照章程规定向本社出资；

(3)积极参加本社各项业务活动，接受本社提供的技术指导，按照本社规定的质量标准和生产技术规程从事生产，履行与本社签订的业务合同，发扬互助协作精神，谋求共同发展；

(4)维护本社的利益，爱护生产经营设施，保护本社成员共有财产；

(5)不从事损害本社成员共同利益的活动；

(6)不得以其对本社或者本社其他成员所拥有的债权，抵消已认购或已认购但尚未缴清的出资额，不得以已缴纳的出资额，抵消其对本社或者本社其他成员的债务；

(7)承担本社的亏损；

(8)成员共同议定的其他义务。

《农民专业合作社法》同时也规定，农民专业合作社成员的权利和义务还要根据本社的实际情况加以具体化，以适应本社发展的需要。

5. 组织机构及其产生办法、职权、任期、议事规则

(1)组织机构　农民专业合作社的组织机构包括：成员(代表)大会、理事会、监事会。

①成员(代表)大会　人数少的农民专业合作社由全体成员组成成员大会。成员在150人以上的农民专业合作社，设置成员代表大会。成员(代表)大会是农民专业合作社的最高权力机构。

②理事会　理事会是农民专业合作社的执行机构，负责农民专业合作社的日常工作，在同其他经济组织发生业务交往中，代表合作社开展工作，有权签署经济及有关合作契约，对农民专业合作社成员(代表)大会负责。理事会一般由单数成员组成，以防止理

事会在做出决定时出现赞成、反对各半数的僵局。理事会设理事长一人，副理事长若干人，由理事会选举产生。

③监事会　监事会是在农民专业合作社中代表全体成员监督检查理事会和工作人员工作的监察机构。监事会也由单数监事组成，任期若干年，可连选连任。监事会设执行监事一人，由全体监事半数以上同意选举产生，任期若干年，可连选连任。执行监事可列席理事会会议。

(2)组织机构的产生办法、职权、任期、议事规则

①产生办法　农民专业合作社必须设立成员大会作为最高权力机构。章程需做出具体规定的事项有：成员大会由谁召集，是理事长还是理事会；成员大会除行使法律第二十二条规定的职权外，根据本社实际需要，还需行使的职权；除法律第二十四条规定的召开临时成员大会的两种形式外，什么情况下还可以召开临时大会，是行使成员大会的部分职权还是全部职权；必须设立理事长作为法定代表人；是否设立理事会；是否设立执行监事或监事会。

②职权　如果合作社设立执行监事或监事会，在章程中具体规定出理事长、理事、执行监事、监事会的职权。

③任期　章程中还应明确规定组织机构的成员职数与任期。

④议事规则　召开成员大会，出席人数必须达到2/3以上；选举或做出决议，必须本社成员表决权数1/2通过，修改章程或者合并、分立、解散的决议必须2/3以上的表决权数通过。另外，章程还可以对修改章程或合并、分立、解散的决议表决权数做出更高的规定，如3/4人数通过，但是不能低于2/3。做出更高规定的，从其规定。成员大会必须是一人一票。附加表决权不能超过20%。

如果设理事会、监事会，做出决定时，其理事会、监事会成员只能是一人一票，而且不能行使附加表决权。合作社章程规定了本社是否要设立理事会、监事会、执行监事，也规定了理事长或理事会、执行监事或监事会的职权与任期，如果设立成员代表大会，成

员代表的产生办法、任期、代表比例等在章程中都要有详细明确的规定。

6. 成员的出资方式、出资额 成员出资是成员对合作社应尽的义务。出资方式，每个成员出多少，最低限额和最高限额是多少，都应在章程中具体规定。

(1)成员的出资方式 成员以什么方式出资，由章程规定。货币可以出资，实物、知识产权可以作价出资；但是，土地承包经营权不能作价出资，劳务不能作价出资。

(2)成员的出资额 农民专业合作社法并没有对成员出资额做具体规定，由农民专业合作社根据自身情况确定，并在农民专业合作社章程中明确规定。

7. 财务管理和盈余分配 章程必须对本社的财务管理、盈余分配办法做出明确规定。

(1)财务管理 合作社应当严格按照国务院制定的财务会计制度来制定本社的财务管理办法，以强化本社的财务管理工作。

(2)盈余分配 合作社若有盈余，一般应该首先提取公积金。提取公积金后才是可分配盈余。但是否提取公积金，提多大比例，由章程规定。如提公积金，必须量化为每个成员的份额，也可以转为成员出资。如何量化公积金，目前有三种量化的办法：一是以成员出资为标准量化；二是把成员出资与交易(额)结合起来，两者各占一定比例量化；三是单纯以交易量(额)量化。到底如何具体量化，章程应做出具体规定。可分配盈余，按成员与本社的交易量(额)比例返还社员，返还总额不得低于60%。具体返还多少，由合作社视情况确定并在章程中明确规定。

8. 章程修改程序 合作社章程若要修改，须经过成员大会讨论，并经成员表决权总数的2/3通过。合作社章程可以对修改章程的表决权数做出最高的规定，同时章程中也应规定修改章程的具体步骤。

9. 解散事由和清算办法

(1)解散　当法定事由出现或约定的条件发生时,合作社可以解散,比如约定的任期届满或者业务活动已结束等。合作社章程对解散事由应予以规定。如章程可以规定合作社的存续期间,可以规定完成特定业务。这些规定的解散事由出现时,成员大会或者成员代表大会可以决议解散合作社,但必须至少有本社成员表决权数 2/3 以上通过。章程还可以对解散事由的表决权数做出更高规定,如 3/4。如果成员大会不想解散合作社,可以修改章程,但应当办理变更登记。

(2)清算　《农民专业合作社法》在第六章对清算办法做了规定,清算办法按法律规定办,但应当细化。

10. 公告事项及发布方式　为保证农民专业合作社的成员、交易相对人和其他有利害关系的人员及时了解本社生产经营等情况,章程中应当根据本社的业务特点和成员、债权人的分布情况,对本社相关情况的公告事项与方式做出明确规定。

11. 需要规定的其他事项　《农民专业合作社法》第十二条"农民专业合作社章程应当载明下列事项"中第十一项为"需要规定的其他事项"。那么,什么是"需要规定的其他事项"呢?至少还有下列 6 项。

第一,成员向合作社进行交易,这是成员对合作社应尽的义务之一。成员与合作社交易,可以是交售农产品,也可以是购买合作社的生产资料和农业投入品,还可以是有偿利用合作社提供的技术、信息、贮藏、运输等服务。章程应对成员向合作社的交易量、交易额、交易内容、交易时间做出具体规定。

第二,成员对合作社承担亏损,这也是成员对合作社应尽的义务之一。社员不仅在合作社存续期间应承担亏损,而且资格终止的成员也必须分摊资格终止前本社的亏损。怎么承担,按什么比例和标准承担,章程应做出具体规定。

第三，成员资格终止的，农民专业合作社应退还记载在该成员账户内的出资额和公积金份额，采取什么样的退还方式，什么期限内退还，章程应做出规定。

第四，资格终止的成员，章程应对其分摊资格终止前本社的债务做出规定。

第五，本社的资金能否借贷给他人，能否以本社资产为他人提供担保，应由章程做出规定。

第六，附加表决权的规定。什么事项可以行使附加表决权，什么事项不能行使附加表决权，要经全体设立人充分讨论，在章程中写清楚，以防止少数人说了算和少数人滥用附加表决权。

【范 例】

界首市春华种植专业合作社章程

2011 年 5 月 9 日召开设立大会，由全体设立人一致通过。

第一章 总 则

第一条 为保护成员的合法权益，增加成员收入，促进本社发展，依照《中华人民共和国农民专业合作社法》和有关法律、法规、政策，制定本章程。

第二条 本社由郭连中、张凤芹、郭志良、郭伟、郭振、郭佳佳6人发起，于 2011 年 5 月 9 日召开设立大会。

本社名称：界首市春华种植专业合作社

出资总额：合作社成员出资总额陆拾捌万元

本社法定代表人：郭 伟

理事长：郭 伟

理事：郭 振

财务人员：郭志良

监事：郭连中

成员：郭连中、张凤芹、郭志良、郭伟、郭振、郭佳佳

本社住所：界首市东城办事处连后楼行政村

邮政编码：236500

第三条 本社按照"民办、民管、民受益"的原则，以服务成员、谋求全体成员的共同利益为宗旨。实行自主经营，民主管理，盈余返还，成员地位平等，加入自愿，退出自由，利益共享，风险共担。

第四条 经营范围：小麦、红芋、蔬菜、食用菌种植、销售（以工商行政管理部门核定经营范围为准）。

第五条 本社对由成员出资、公积金、国家财政直接补助、他人捐赠以及合法取得的其他资产所形成的财产，享有占有、使用和处分的权利，并以上述财产对债务承担责任。

第六条 本社每年提取的公积金，按照成员与本社的交易量（额）依照比例量化为每个成员所有的份额。由国家财政直接补助和他人捐赠形成的财产平均量化为每个成员的份额，作为可分配盈余的依据之一。

本社为每个成员设立账户，主要记载该成员的出资额、量化为该成员的公积金份额以及该成员与本社的业务交易量（额）。本社成员以其个人账户内记载的出资额和公积金份额为限对本社承担责任。

第七条 经成员大会讨论通过，本社投资兴办与本社业务内容相关的经济实体；接受与本社业务有关的单位委托，办理代购、代销等中介服务；向政府有关部门申请或者接受政府有关部门委托，组织实施国家支持发展农业和农村经济的建设项目；按决定的数额和方式参加社会公益捐赠。

第八条 本社及全体成员遵守社会公德和商业道德，依法开展生产经营活动。

第二章 成 员

第九条 具有民事行为能力的公民，从事农作物种植、销售，农业技术咨询服务，承认并遵守本章程，履行本章程规定的入社手续的，可申请成为本社个人成员。本社吸收从事与本社业务直接有关的生产经营活动的企业、事业单位或者社会团体为团体成员。具有管理公共事务职能的单位不得加入本社。本社成员中，农民成员至少占成员总数的80%。

第十条 凡符合前条件规定，向本社理事会提交书面入社申请，经成员大会审核并讨论通过者，即可成为本社成员。

第十一条 本社成员的权利：

(一)参加成员大会，并有表决权、选举权和被选举权；

(二)利用本社提供服务和生产经营设施；

(三)按照本章程规定或者成员大会决议分享本社盈余；

(四)查阅本社章程、成员名册、成员大会记录、理事会会议决议、监事会会议决议、财务会计报告和会计账簿；

(五)对本社的工作提出质询、批评和建议；

(六)提议召开临时成员大会；

(七)自由提出退社声明，依照本章程规定退出本社；

(八)成员共同决议的其他权利。

第十二条 本社成员大会选举和表决，实行一人一票制，成员各享有1票基本表决权。出资额占本社成员出资总额10%以上或者与本社业务交易量(额)占本社交易总量10%以上的成员，在本社重大财产处置、投资兴办经济实体、对外担保和生产经营活动中的其他事项决策方面，最多享有5票的附加表决权。享有附加表决权的成员及其享有的附加表决权数，在每次成员大会召开时告知出席会议的成员。

第十三条 本社成员的义务：

（一）遵守本社章程和各项规章制度，执行成员大会和理事会的决定；

（二）按照章程规定向本社出资；

（三）积极参加本社各项业务活动，接受本社提供的技术指导，按照本社规定的质量标准和生产技术规程从事生产，履行与本社签订的业务合同，发扬互助协作精神，谋求共同发展；

（四）维护本社利益，爱护生产经营设施，保护本社成员共有财产；

（五）不从事损害本社成员共同利益的活动；

（六）不得以其对本社或者本社其他成员所拥有的债权，抵消已认购或已认购但尚未缴清的出资额，不得以已缴纳的出资额，抵消其对本社或者本社其他成员的债务；

（七）承担本社的亏损；

（八）成员共同决议的其他义务。

第十四条 成员有下列情形之一的，终止其成员资格。

（一）主动要求退社的；

（二）丧失民事行为能力的；

（三）死亡的；

（四）团体成员所属企业或组织破产、解散的；

（五）被本社除名的。

成员要求退社的，须在会计年终了的 3 个月前向理事会提出书面声明，方可办理退社手续；团体成员退社的，需在会计年终了的 6 个月前提出。退社成员的资格于该会计年度结束时终止。资格终止的成员须分摊资格终止前本社的亏损及债务。

成员资格终止的，在该会计年度决算后 3 个月内，退还记载在该成员账户内的出资额和公积金份额。如果本社经营盈余，按照本章程规定返还其相应的盈余所得；如果经营亏损，扣除其应分担的亏损金额。

成员在其资格终止前与本社已订立的业务合同应继续履行。

第十五条 成员死亡，其法定继承人符合法律和本章程规定条件的，在3个月内提出入社申请，经成员大会讨论通过办理入社手续，并继承被继承人与本社的债权债务。否则，按主动要求退社办理退社手续。

第十六条 成员有下列情形之一的，经成员大会讨论通过，予以除名。

（一）不履行成员义务，经教育无效的；

（二）给本社名誉或者利益带来严重损害的；

（三）成员共同决议的其他情形。

本社对被除名的成员，退还记载在该成员账户内的出资额和公积金份额，结清其应承担的债务，返还其相应的盈余所得。因前款第二项被除名的，须对本社做出相应的赔偿。

第三章 组织机构

第十七条 成员大会是本社的最高权力机构，由全体成员组成。成员大会行使下列职权：

（一）审议、修改本社章程和各项规章制度；

（二）选举或罢免理事长、理事、执行监事或监事会成员；

（三）决定成员入社、退社、继承、除名、奖励、处分等事项；

（四）决定成员出资标准及增加或减少出资；

（五）审议本社的发展规划和年度业务经营计划；

（六）审议批准年度财务预算和决算方案；

（七）审议批准年度盈余分配方案和亏损处理方案；

（八）审议批准理事会、执行监事或者监事会提交的年度业务报告；

（九）决定重大财产处置、对外投资、对外担保和生产经营活动中的其他重大事项；

(十)对合并、分立、解散、清算和对外联合做出决议;

(十一)决定聘用经营管理人员和专业技术人员的数量、资格、报酬和任期;

(十二)听取理事长或者理事会关于成员变动情况的报告;

(十三)决定其他重大事项。

第十八条 本社成员超过150人时,每15名成员选举产生1名代表,组成成员代表大会。成员代表大会履行成员大会的全部职责。成员代表任期3年,可以连选连任。

第十九条 本社每年召开4次成员大会,成员大会由理事长负责召集,并提前15日向全体成员通报会议内容。

第二十条 有下列情形之一的,本社在20日内召开临时成员大会。

(一)理事会认为必要时;

(二)执行监事或者监事会的建议;

(三)1/5以上成员或1/3以上成员代表提议。

理事长不能履行或者在规定期限内没有正当理由不履行职责召集临时成员大会的,执行监事或者监事会在3日内召集并主持临时成员大会。

第二十一条 成员(代表)大会应当有2/3以上成员出席方可召开。本社表决实行一人一票制。成员因故不能到会,可书面委托其他成员代理。一名成员最多只能代理一名成员投票。各项决议须有出席会议半数以上的成员同意,方可生效。对修改本社章程,改变成员出资标准,增加或减少成员出资,合并、分立、解散、清算和对外联合等重大事项做出决议的,须经成员表决权总数2/3以上的票数通过。成员代表大会的代表以其受成员书面委托的意见及表决权数,在成员代表大会上行使表决权。

第二十二条 本社设理事长1名,为本社法定代表人。理事长任期3年,可连选连任。

理事长行使下列职权：

（一）主持成员大会，召集并主持理事会会议；

（二）签署本社成员出资证明；

（三）签署聘任或者解聘本社经理、财务会计人员和其他专业技术人员聘书；

（四）组织实施成员大会和理事会决议，检查决议实施情况；

（五）代表本社签订合同等；

（六）履行成员大会授予的其他职权。

第二十三条 本社设理事会，对成员大会负责，由5～7名成员组成，设副理事长1～3名。任期3年，可连选连任。理事会的职权如下：

（一）组织召开成员大会并报告工作，执行成员大会决议；

（二）制定本社发展规则、规章制度、生产经营计划等，提交成员（代表）大会通过，并组织实施本社的各项工作任务；

（三）讨论决定成员入社、退社、奖励、处分、除名、继承等事项；

（四）对外代表本社签订协议、合同和契约；

（五）对成员进行培训，组织成员参加各种协作活动；

（六）聘用或解雇本社工作人员；

（七）管理本社的财务与财产；

（八）履行成员（代表）大会授予的其他职责，办理章程中所规定的事项。

第二十四条 理事会会议的表决，实行一人一票。重大事项集体讨论，并经2/3以上理事同意方可形成决议。理事个人对某项决议有不同意见时，其意见记入会议记录并签名。理事会会议邀请执行监事或者监事长、经理和3～5名成员代表列席，列席者无表决权。

第二十五条 本社设执行监事1名，代表全体成员监督检查理事会和工作人员的工作。执行监事列席理事会会议。

第二十六条 本社设监事会,由3名监事组成,设监事长1名,监事长和监事会成员任期3年,可连选连任。监事长列席理事会会议。

监事会行使下列职权:

(一)监督理事会对成员(代表)大会决议和本社章程的执行情况;

(二)监督检查本社的生产经营业务和财务收支情况;

(三)监督理事和本社工作人员的工作情况;

(四)向成员(代表)大会提出监察工作报告;

(五)列席理事会会议,向理事会提出改进工作的建议;

(六)如发现理事会有违法或徇私舞弊行为,应提出监察处理意见报告,要求召开临时成员(代表)大会,并报告有权机关予以处置;

(七)履行成员(代表)大会授予的其他职责。

第二十七条 监事会由监事长召集,会议决议应以书面形式通知理事会。理事会接到通知30日内就有关事项做出答复。

第二十八条 监事会应当有2/3以上的监事出席方能召开,各项决议应当经半数以上监事同意才能生效。监事个人对某项决议有不同意见时,应将其意见记入会议记录并签名。

第二十九条 理事会与监事会的成员不得相互兼任。理事的近亲属及本社职工不得担任监事。

第三十条 本社经理由理事会聘任或者解聘,对理事会负责,行使下列职权:

(一)主持本社的生产经营工作,组织实施理事会决议;

(二)组织实施年度生产经营计划和投资方案;

(三)拟定经营管理制度;

(四)提请聘任或者解聘财务会计人员和其他经营管理人员;

(五)理事会授予的其他职权。本社理事长或者理事可以兼任经理。

第三十一条 本社理事长、理事、经理和管理人员不得有下列行为：

(一)侵占、挪用本社资产；

(二)违反章程规定或者未经成员大会同意，将本社资金借贷给他人或者以本社资产为他人提供担保；

(三)接受他人与本社交易的佣金归为己有；

(四)从事损害本社经济利益的其他活动；

(五)兼任业务性质相同的其他农民专业合作社的理事长、理事、监事、经理。

理事长、理事和管理人员违反前款第一项至第四项规定所得的收入，归本社所有；给本社造成损失的，需承担赔偿责任。

第四章 财务管理

第三十二条 本社资金来源包括以下几项：

(一)成员出资；

(二)每会计年度从盈余中提留的公积金、公益金；

(三)未分配收益；

(四)政府和有关部门的扶持资金；

(五)接受的捐赠款；

(六)其他自有资金。

第三十三条 本社成员可以用货币出资，也可以用库房、加工设备、运输设备、农机具、农产品等实物、技术、信用、自然人姓名、商誉、特许经营权或者设定担保的财产等作价出资。成员以非货币形式出资的，由全体成员评估作价。

第三十四条 本社实行独立的财务管理和会计核算，严格按照国务院财政部门制定的农民专业合作社财务制度和会计制度核定服务过程中的成本与费用。

第三十五条 本社依照有关法律、行政法规和政府有关主管部门的规定，建立健全财务会计制度，实行每月10日财务定期公开制度。本社财会人员应持有会计从业资格证书，会计和出纳互不兼任。

第三十六条 成员与本社的所有业务交易，实名记载于各成员的个人账户中，作为按交易量（额）进行可分配盈余返还分配的依据。利用本社提供服务的非成员与本社的所有业务交易，实行单独记账，分别核算。

第三十七条 会计年度终了时，由理事长按照本章程规定，组织编制本社年度业务报告、盈余分配方案、亏损处理方案以及财务会计报告，经执行监事或者监事会审核后，于成员大会召开15日前，置备于办公地点，供成员查阅，并接受成员质询。

第三十八条 本社成员认缴的出资额须在2个月内缴清，非货币方式出资的成员与以货币方式出资的成员享受同等权利，承担同等义务。经理事长审核，成员大会讨论通过，成员出资可以转让给本社成员。

第三十九条 为实现本社及全体成员的发展目标需调整成员出资时，经成员大会讨论通过，形成决议，每个成员须按照成员大会决议的方式和金额调整成员出资。

第四十条 本社向成员颁发成员证书，并载明成员的出资额。成员证书同时加盖本社财务印章和理事长印鉴。

第四十一条 本社从当年盈余中提取5%的公积金，用于扩大生产经营，弥补亏损或者转为成员出资。

第四十二条 本社从当年盈余中提取5%的公益金，用于成员的技术培训、合作社知识教育以及文化、福利事业和生活上的互助互济。其中，用于成员的技术培训、合作社知识教育的比例不少于公益金数额的20%。

第四十三条 本社接受的国家财政直接补助和他人捐赠，均按照本章程规定的方法确定的金额入账，作为本社的资金(产)，按可分配盈余，经成员大会决议，按照下列顺序分配：

(一)按成员与本社的业务交易量(额)比例返还，返还总额不低于可分配盈余的30%。

(二)按前项规定返还后的剩余部分，以成员账户中记载的出资额和公积金份额，以及本社接受国家财政直接补助和他人捐赠形成的财产平均量化到成员的份额，按比例分配给社员，并记载在成员个人账户中，按照规定用途和捐赠者意愿用于本社的发展。在解散、破产清算时，由国家财政直接补助形成的财产，不得作为可分配剩余资产分配给成员，处置办法按照国家有关规定执行；接受他人的捐赠，与捐赠者另有约定的，按约定办法处置。

第四十四条 当年扣除生产经营和管理服务成本，弥补亏损、提取公积金和公益金后的可分配盈余，经成员大会决议，按规定顺序分配。

第四十五条 本社如有亏损，经成员大会讨论通过，用公积金弥补，不足部分也可以用以后年度盈余弥补。

本社的债务用本社公积金或者盈余清偿，不足部分依照成员个人账户中记载的财产份额，按比例分担，但不超过成员账户中记载的出资额和公积金份额。

第四十六条 执行监事或者监事会负责本社的日常财务审核监督。根据成员大会的决定，本社委托审计机构对本社财务进行年度审计、专项审计和换届离任审计。

第五章 合并、分立、解散和清算

第四十七条 本社与他社合并，须经成员大会决议，自合并决议做出之日起10日内通知债权人。分立前的债务由分立后的组织承担连带责任。但是，在分立前与债权人就债务清偿达成的书面协议，另有约定的除外。

第四十八条 本社有下列情形之一的，经成员大会决议，报登记机关核准后解散：

(一)本社成员少于5人；

(二)成员大会决议解散；

(三)本社分立或者与其他农民专业合作社合并后需要解散；

(四)因不可抗力因素致使本社无法继续经营；

(五)依法被吊销营业执照或者被撤销；

(六)成员共同决议的其他情形。

第四十九条 本社因前条第一、二、四、五、六项情形解散的，在解散情形发生之日起15日之内，由成员大会推举3名成员组成清算组接管本社，开始解散清算。逾期未能组成清算组的，成员、债权人可以向法院申请指定成员组成清算组进行清算。

第五十条 清算组自成立起10日内通知成员和债权人，并于60日内在报纸上公告。

第五十一条 本社财产优先支付清算费用和共益债务后，按下列顺序清偿：

(一)与农民成员已发生交易所欠款项；

(二)所欠员工的工资及社会保险费用；

(三)所欠税款；

(四)所欠其他债务；

(五)归还成员出资金额、公积金；

(六)按清算方案分配剩余财产。

清算方案须经成员大会通过或者申请人民法院确认后实施。本社财产不足以清偿债务时，依法向人民法院申请破产。

第六章 附 则

第五十二条 本社需要向成员公告的事项，采取公开方式发布。

第五十三条 本章程由设立大会表决通过，全体设立人签字后生效。

第五十四条 修改本章程，须经半数以上成员或者理事会提出，理事长负责修订，成员大会讨论通过后实施。

第五十五条 本章程由理事会负责解释。

五、召开农民专业合作社设立大会

（一）什么是设立大会

设立大会是指在农民专业合作社设立之前，召开由全体设立人参加的大会，其中设立人是合作社设立时自愿成为该社成员的人。《农民专业合作社法》第十一条规定，在设立农民专业合作社程序中，只有召开由全体设立人参加的设立大会，农民专业合作社才可能成立。

（二）设立大会的职权

《农民专业合作社法》第十一条规定了其法定职权。

(1)通过本社章程，章程应当由全体设立人一致通过；

(2)选举产生理事长、理事、执行监事或者监事会成员；

(3)审议其他重大事项。由于每个农民专业合作社的具体情况各有不同，在设立大会上讨论通过的诸事项也会差异很大。因此，《农民专业合作社法》对设立大会的职权做的都是有弹性的规定，以便合作社顺利开展工作。

（三）设立大会与成员大会的区别

(1)设立大会是农民专业合作社设立之前必须召开的法定大会；成员大会由全体成员组成，是本社的权力机构，每年至少召开一次。其发生的阶段不同。设立大会发生于农民专业合作社成立之前，成员大会则存在于农民专业合作社存在发展的整个过程中。没有依法有效的设立大会就不会有农民专业合作社的成立，也就不会有成员大会。

(2)设立大会是农民专业合作社尚未成立时设立人的议事机构，而成员大会则是农民专业合作社存续期间合作社的权力机构，在合作社内部具有最高的决策权。《农民专业合作社法》在第二十二、二十三、二十四、二十五条分别就成员大会的职权、召开、表决、临时成员大会以及成员代表大会做出了相关规定。

(四)填写设立大会纪要

设立大会需要填写合作社设立大会纪要，用以记录会议的基本情况，比如时间、地点、参加人等。

【范　例】

永春汤城科鑫食用菌农民专业合作社设立大会纪要

根据《中华人民共和国农民专业合作社法》的有关规定，本专业合作社设立大会做出如下决议：

(1)全体设立人一致通过本社章程。

(2)选举尤修平为本社理事长。

(3)选举尤成本、尤元忠、尤世文、苏书良、尤锦明、尤长兴为本社理事。

(4)选举尤宇停为本社监事长。

(5)选举尤金盏、王挺江、尤天宝、尤德胜为本社监事。

(6)其他事项。

设立人签名(盖章)：

2009 年 6 月 23 日

任命书

根据本社设立大会决议，任命尤修平为本社理事长。任命尤成本、尤元忠为本社常务副理事长。任命尤世文、苏书良、尤锦明、尤长兴为本社理事。任命尤宇停为本社监事长。任命尤金盏、王挺江、尤天宝、尤德胜为本社监事。

设立人签名(盖章)：

2009年6月23日

六、办理农民专业合作社登记手续

依法登记是农民专业合作社开展生产经营活动并获得法律保护的重要依据。根据《农民专业合作社法》第十三条规定，设立农民专业合作社办理登记，共涉及工商、公安、税务、质监、银行、农业等多个部门。

(一)办理登记手续的步骤

可按照以下6个步骤设立登记。

1. 申领合作社法人营业执照

(1)办理部门　工商行政管理局。

(2)依据　《农民专业合作社法》第十三条规定。

(3)提交文件　①登记申请书；②全体设立人签名、盖章的设立大会纪要；③全体设立人签名、盖章的章程；④法定代表人、理事的任职文件及身份证明；⑤出资成员签名、盖章的出资清单，需要特别注意的是，农民专业合作社向登记机关提交的出资清单，只要有出资成员签名、盖章即可，无须其他机构的验资证明；⑥住所使用证明。能够证明农民专业合作社对其住所享有使用权的住所使用证明(房产证、土地证、租房协议、村民委员会证明等);⑦法律、行政法规规定的其他文件。

(4)收费内容　不收任何费用。

(5)注意事项　①农民专业合作社名称为"行政区划+字号或商号+产业类别+专业合作社";②农民专业合作社法人营业执照不需要年检。

2. 办理合作社公章

(1)办理部门　公安局。

(2)依据　《公安部印章管理办法》。

(3)提交材料　合作社法人营业执照复印件、法人代表身份证复印件、经办人身份证复印件。

(4)收费内容　刻章费,根据材料不同,几十元到一百元不等。

(5)注意事项　目前专业合作社需要的公章有行政章、财务专用章、法人代表章共 3 枚。

3. 申领组织机构统一代码证

(1)办理部门　质量技术监督局。

(2)依据　《组织机构代码管理办法》。

(3)提交材料　①合作社法人营业执照副本原件及复印件一份;②合作社法人代表及经办人身份证原件及复印件一份;③如受他人委托代办的,须持有委托单位出具的代办委托书面证明。

(4)收费内容　工本费、技术服务费、IC 卡工本费。标准不等,一般 150 元左右。

(5)注意事项　①合作社自工商局批准成立或核准登记成立之日起 30 日内办理组织代码证。②代码证有效期限为 4 年,到期须要换证;代码证实行年检制度,年审费一般 25 元/次。

4. 申领税务登记证

(1)办理部门　国家、地方税务局。

(2)依据《税务登记管理办法》。

(3)提交材料 ①法人营业执照副本及复印件；②组织机构统一代码证书副本及复印件；③法定代表人(负责人)居民身份证或者其他证明身份的合法证件复印件；④经营场所房屋产权证书复印件；⑤成立章程或协议书复印件。

(4)收费内容 2009年中央1号文件明确将合作社纳入税务登记系统，免收税务登记工本费。

(5)注意事项 ①合作社应当自领取工商营业执照之日起30日内申报办理税务登记，未按照规定期限申报办理者，可处2 000元以下的罚款；②税务登记证定期验证、换证和年检，一年验证一次，三年更换一次。

5. 办理银行开户和账号

(1)办理部门 任意一家商业银行、农村信用社。

(2)依据《银行账户管理办法》。

(3)提交材料 ①法人营业执照正、副本及其复印件；②组织机构代码证书正、副本及其复印件；③农民专业合作社法定代表人的身份证及其复印件；④经办人员身份证明原件、相关授权文件；⑤税务登记证正、副本及其复印件；⑥合作社公章和财务专用章及其法人代表名章。

(4)收费内容 不收费。

(5)注意事项 在银行办理完账号、账户后，需要提交账户到国家税务局；每月到国税局报税。

6. 到当地工商部门备案 提交材料包括：①法人营业执照复印件；②组织机构代码证书复印件；③农民专业合作社法定代表人的身份证复印件；④税务登记证正、副本复印件。

(二)办理登记手续的注意事项

申请登记的文件是农民专业合作社显示组织合法存在的证

明，也是成员资格和权利有效存在的重要证明，其真实可靠性是保证社会交易安全的必然要求。

1. 农民专业合作社虚假登记、提供虚假材料等欺诈行为的表现形式 《农民专业合作社法》第五十五条规定的农民专业合作社虚假登记、提供虚假材料等欺诈行为有两种表现形式：一种是农民专业合作社向登记机关提供虚假登记材料或者采取其他欺诈手段取得登记的；另一种是农民专业合作社在依法向有关主管部门提供的财务报告等材料中，作虚假记载或者隐瞒重要事实的。前一种情况是为了向登记机关骗取登记，后一种情况是在向有关主管部门的报告中作虚假记载或者隐瞒重要事实。

2. 什么是提供虚假登记材料 提供虚假登记材料是指，故意向登记机关提供虚假的设立、变更合作社的登记申请书、章程、法定代表人或理事的身份证明等文件。

3. 什么是采取其他欺骗手段 采取其他欺诈手段是指，采用除提供虚假登记材料以外的其他隐瞒事实真相的方法欺骗登记机关的行为。

4. 农民专业合作社虚假登记、提供虚假材料等欺诈行为的法律责任 对于上述两种违法行为的认定都要考虑是否出于当事人的故意，并以骗取登记为目的。《农民专业合作社法》对这两种欺诈行为设定了不同的法律责任。

《农民专业合作社法》第五十四条规定，农民专业合作社向登记机关提供虚假登记材料或者采取其他欺诈手段取得登记的，由登记机关责令改正；情节严重的，撤销登记。第五十五条规定，农民专业合作社在依法向有关主管部门提供的财务报告等材料中，做虚假记载或者隐瞒重要事实的，依法追究法律责任。根据法律实施同步有效性的特征，农民专业合作社的登记办法也应在 2007 年 7 月 1 日与《农民专业合作社法》同步实施。

(三)合作社法定变更登记事项

为维护农民专业合作社全体成员及其交易人的合法权益,稳定交易环境,《农民专业合作社法》明确规定了合作社法定变更登记事项,主要包括:①经成员大会法定人数表决修改章程;②成员出资情况发生变更;③法定代表人、理事发生变动;④合作社住所发生变动,以及法律、法规规定的其他变更情况。

除以上情况以外,合作社也可以根据自身发展的需要对相关登记事项进行变更。由于需登记的变更事项往往对合作社的影响重大,并直接影响交易活动的正常开展,所以,如果合作社没能根据相关规定及时进行变更事项的登记,则需承担由此产生的法律后果。同时本法还规定,登记机关应当在自受理登记申请之日起20日内办理完毕所有登记事项,包括设立登记、变更登记和注销登记。

第三章 农民专业合作社的运行

一、农民专业合作社的运营机构

（一）决策机构

合作社的最高权力机构是全体成员大会或成员代表大会。社员（代表）大会由全社社员（代表）组成。社员代表由社员选举产生，代表任期3至5年，可连选连任。

（二）执行机构

理事会是合作社的执行机构，即运营机构。在业务机构的设置上，可以因社而异采取直线制、直线职能制或事业部制的组织结构设计。

直线制即将众多成员进行分层管理，根据地域等划分，设立分社或小组，形成“合作社—分社—小组”的管理结构，理事会将任务分配到分社，由分社组织开展生产和服务，分社再将相关任务分配到小组，由小组成员实施生产服务。直线职能制就是在直线制基础上，根据合作社的不同任务和服务内容，在理事会下设办公室、财务部、营销部、技术服务部、物资采购部等职能部门，将理事会部分职能授权于这些部门，分社和职能部门统一对理事会负责，职能部门可以对分社进行业务指导。事业部制即按照组织业务（产品）而不是按照职能将成员组织在一起，合作社总部保留人事决策、预算控制和监督权，并通过利润、产品调配等对事业部进行控制。

(三)监督机构

监事会是合作社的监督机构,代表全体社员监督合作社的财务和业务执行情况。

二、农民专业合作社的规章制度

随着地域、类型、组织结构、规模等的不同,各农民专业合作社制定的规章制度会有所差异,但一般来说,都会包括以下几个方面的内容。

(一)成员(社员)代表大会制度

本制度主要目的是保护合作社成员的合法权益,对以下事项做出规定:①成员(社员)代表大会职责;②代表选举和连任办法;③大会会议召集、召开等事项;④大会选举或决议的表决办法;⑤说明临时召开社员(代表)大会的情形;⑥其他事项。

(二)理事会工作制度

理事会是合作社的执行机构,对成员(社员)代表大会负责。理事会工作制度主要明确:①理事会规模、选举办法、任期、连任;②理事会职责;③理事会会议的表决办法;④理事长的选举办法;⑤理事长的主要职责;⑥理事会工作程序等。

(三)监事会工作制度

监事会作为合作社的监督机构,其工作制度框架与上述理事会工作制度类似,主要规定监事会职责、监事会的召开、表决、监事长的选举、职责等。

（四）财务管理制度

农民专业合作社的性质有别于其他集体所有制企业，也有别于一般的盈利组织，主要体现自我服务的公益性。专业合作社的财务管理制度主要包括：①核算体制；②资金来源；③盈余分配；④财务控制。

（五）社员管理制度

社员管理制度主要包括：①社员入社管理，主要是规定社员入社手续和明确社员权利义务；②社员退社管理，主要明确社员退社的手续，以及退社时相关盈余债务的处理；③其他情况规定。

（六）其他制度

对其他重要事项做出规定，如资产管理制度、业务管理制度、档案管理制度、培训制度等。

三、农民专业合作社的运营机制

根据理事会下运营机构设置的不同，合作社的运营机制也相应不同。

（一）直线制

直线制，就是将众多成员进行分层管理，根据地域等划分，设立分社或小组，形成合作社—分社—小组的管理结构，理事会将任务分配到分社，由分社组织开展生产和服务，分社再将相关任务分配到小组，由小组成员实施生产服务。适合社员人数较多、分布地域较广的情况。

例如沂水县大雪枣产销合作社，是依托大唐枣业公司创立的，是一家集产业开发、技术研究和市场营销于一体的专业合作社，由于其社员人数较多(截至 2011 年底已发展成为拥有万余社员的大型合作社)，具有覆盖地域遍布全县的特点，基本建立了直线制的组织运营机构。主要体现在：合作社采取股份合作的方式积极发展合作分社，截至 2011 年底，在全县 19 个乡镇设立了 19 个合作分社，发展大枣基地 2 万余亩，带动起全县 2 万户农民靠发展大枣产业走上了致富路。

(二)直线职能制

直线职能制，就是在直线制基础上，根据合作社的不同任务和服务内容，在理事会下设办公室、财务部、营销部、技术服务部、物资采购部等职能部门，将理事会部分职能授权于这些部门，各职能部门统一对理事会负责。是目前采用非常广泛的一种组织结构形式。这种组织机构的最大优点是，既保证了理事会的集中统一指挥，又能够充分发挥各职能部门的作用。

例如内蒙古克旗经棚镇永胜农牧专业合作社，于 2007 年 2 月组建，是《农民专业合作社法》实施后全旗第一家成功注册、运作规范的融肉羊改良、繁育、生产、销售为一体的专业合作社。截至 2011 年 8 月，合作社发展社员户 600 多户，辐射带动 1 000 多户农牧民发展肉羊短期育肥，年育肥羔羊 40 000 只左右。该合作社基本建立了直线职能制的组织机构，主要体现为：合作社理事会下设党支部、办公室、财务部、工青妇部等职能部门，各部门完成理事会授权的职能，承担相应的职责，统一对理事会负责。

(三)事业部制

事业部制是指以某个产品、地区或顾客为依据，将相关的研究开发、采购、生产、销售等部门结合成一个相对独立单位的组织结构形式。它表现为，在合作社总负责人领导下设立多个部门或协会，各部门有各自独立的产品或市场，在经营管理上有很强的自主性，实行独立核算，是一种分权式管理结构。这种结构最大的优点是在同一产品部门内有关的职能活动协调比较容易，容易适应合作社的扩展与业务多元化要求。这种形式适合地域广、生产相对独立、产业链相对较长的合作社。

例如山东省鱼台县姜庄生态谷物种植专业合作社，基本建立了一个事业部型的组织结构。该合作社在社理事会的统一领导下，下设三个常设协会和一个项目部：养殖协会、妇女协会、老年协会和农资服务中心。养殖协会又下设养猪协会和养兔协会，妇女协会下设养鸭协会。每个协会就是一个事业部，各协会在合作社理事会的统一领导下，各行其职，以适应合作社功能的拓展和服务多元化，力求以合作社为整体推动姜庄内经济、文化和社会的和谐发展。

四、农民专业合作社的会员管理

如前所述，会员管理主要包括了会员入社管理、退社管理及会员权利义务的界定。

（一）会员（社员）管理制度

社员管理制度主要依照合作社法，明确社员的入社、权利、义务、退社等方面的内容。

【范　例】

南昌市农民专业合作社成员管理制度

1. 符合下列条件，经理事会审查批准，即可成为本社成员。

(1)承认本社章程；

(2)饲养种猪 5 头及其以上,商品猪 10 头及其以上;

(3)缴纳股金 10 元以上;

(4)写出书面申请。

2. 成员均享受本社章程规定的权利。

(1)参加成员大会,并有表决权、选举权和被选举权;

(2)优先参加本社组织的各项活动,优先享受本社提供的各种服务,优先利用本社设施;

(3)享受本社的股金分红和按生猪交售数量进行的利润返还;

(4)有权对本社的生产经营、财务管理、收益分配等提出建议、批评和质询,并进行监督;

(5)建议召开成员大会或成员代表大会;

(6)本社规定的其他权利。

3. 成员必须履行本社章程规定的义务。

(1)执行成员大会或成员代表大会、理事会的决议;

(2)按照章程规定交纳入社股金和会费,按照入股金额承担责任;

(3)按照章程规定与本社进行交易;

(4)积极参加本社活动,维护本社利益,保护本社共有财产,爱护本社设施;

(5)按本社的技术指导和要求组织生产经营,按时保质保量履行合同协议;

(6)发扬互助合作精神,群策群力,共同搞好本社生产经营活动;

(7)本社规定的其他义务。

4. 养猪户入社可随时提出申请,理事会每季度讨论一次,对符合入社条件者吸收为成员,并发给《成员证》,讨论通过之日为入社时间。

5. 成员退社须在履行当年义务后,于年终决算前 3 个月,以书面形式向理事长或理事会提出，经理事会批准，方可办理退会手续，并收回《成员证》。

成员退社时，其入社股金于年终决算后2个月内退还。如本社亏损，则扣除其应承担的亏损份额；如本社盈利，则分给其应得红利，不退会费。

6. 成员不履行义务或不执行章程规定的其他款项，或因成员个人行为损害合作社形象及经济利益的，除承担相应经济责任外，根据情节轻重在成员大会上通报批评。成员有下列情形之一者，经成员大会或成员代表大会决议，取消其成员资格。

(1)不遵守本社章程及决议，不履行成员义务；

(2)从事与本社相竞争或与本社利益相矛盾的活动；

(3)不按本社的技术指导和规定进行生产经营，给本社信誉、利益带来严重危害；

(4)其他有损本社利益的行为。

(二)实践中存在的问题

尽管很多地方政府都出台了会员管理制度范本，但仍然存在很多管理不规范的地方。如有的合作社缺乏或不执行基本的加入和退出手续，仅靠一本花名册作为成员的入社凭证和身份证明；有的合作社对会员的权利、义务制定得模糊不清，或者利益联结非常松散，以至不能将社员有效地组织起来加以管理。

五、农民专业合作社的资产管理

资产管理是财务管理的一部分，合作社有必要对本社所拥有的资产进行严密的管理和控制。资产管理主要包括两方面内容：内部牵制制度管理和责任管理。

(一)内部牵制制度管理

内部牵制制度管理主要体现在资产的购置、验收、保管、使用、处置等环节上,实行“五分开”。即:购置计划与审批、审批与采购、采购与验收保管、保管与使用审批、处置与审批相互分开,相互牵制、相互监督。

2007年12月财政部发布了《农民专业合作社财务会计制度(试行)》(财会[2007]15号,以下简称《制度》),自2008年1月1日起在全国农民专业合作社范围内实施,对合作社财务内部牵制制度做了明确规定。

第一,为了加强合作社的内部财务管理,保证财产物资的安全可靠,保证会计资料的准确性和可靠性,保证合作社资金的使用效益,财务管理必须实行内部牵制制度。

第二,任何一项经济业务的办理,必须由两个或两个以上的相关部门或人员分工办理。经办人员之间相互牵制,相互制约,相互监督。确保经济业务的真实性和办理经济业务的规范化。

第三,财会工作遵循职务分离和账、钱、物分开的原则。办理经济业务事项的经办人员、证明人员、验收人员、审核人员、记账人员等相关人员的职权明确,并相互制约,相互监督。资产管理员、财产物资采购员、保管员三个岗位,分别由三人负责。出纳会计不兼管保管和经费收入、经费使用、债权债务账目的登记工作、稽核工作、会计档案管理工作。审批支付款项的人员不能同时担任出纳。审批出入库手续的人员不能同时担任采购员、仓库保管员。资产核算与资产保管岗位分离。收支审批人员自身直接经办的业务应当由指定的合作社其他领导人审批。

第四,合作社收入的范围、标准等应根据有关规定执行,各项财务支出和预付、暂付款都要经有关人员审批后由财务人员办理。各项收入必须开具规范票据。总账会计要经常检查发生的收入是否已及时入账。

第五，总账、财产物资明细账、固定资产明细账、现金及银行日记账、银行对账单、收入、支出、往来等明细账定期核对，做到账、账相符。若有不符，须查明原因。

第六，财务印鉴必须分别由两人以上分开掌管，加盖印鉴时要履行审核、监督职责。

第七，会计人员必须在规定的岗位职责范围内办理会计事项，不得越权，不得失职。账务处理必须按规定办理。

第八，出纳岗位的工作，必须要严格按岗位职责的规定办理，会计负责人必须严格监督，发现问题严肃处理。

第九，实现会计电算化后，不同岗位的操作人员应设置不同的操作口令、密码，保证财会人员之间相互制约，相互监督，相互牵制。

第十，各类财产物资的购买实行验收入库制度。合作社要经常组织财产物资的使用、保管情况的检查，对库存物资要经常清查盘点。

（二）责任管理

责任管理，即对资产的购置、验收、保管、登记、清查等都要确定专人负责。

第一，建立资产台账登记责任制度，确定专门人员对资产的购置、验收和保管、使用进行登记，建立台账，落实责任。凡造成资产损失或者浪费，又不能补救的，其直接和间接损失由责任人赔偿。

第二，财务部门要根据本社实际，分门别类确定易耗品使用期限和周期以及固定资产的折旧年限和比例，以实事求是的原则确定资产折旧。

第三，财务部门要定期对实物资产进行账账、账卡、账实清查，向理事会呈报实物资产清查报告，提出实物资产管理问题解决方案。

第四，还要加强对合作社商标、土地使用权、非专利技术、商誉等无形资产的管理，以防止无形资产流失。

六、农民专业合作社的财务管理

（一）核算体制

专业合作社遵循自愿、互利、民主、平等的合作制原则，实行独立核算，自主经营，自负盈亏，自我服务，自我发展，自我约束的财务管理体制。各类专业合作社应依据通行财务制度，结合自身的特点，制定本社的财务制度。定期向行政主管部门报送财务和会计报表，定期向社员公布财务状况。

（二）资金来源

一是社员股金。社员股金是为了取得专业合作社社员身份而缴纳的股金，实行利益共享，风险共担，社员股金按实现的利润进行分红。

二是提留的风险金和企业发展基金。按现行财务制度的规定提取的一般盈余公积金作为风险金，以及按社员（代表）大会的决议提取一定比例的发展基金。

三是公益金。按现行财务制度提取。

四是盈余积累。按现行财务制度规定提取任意盈余公积金。

五是银行贷款。专业合作社可以根据业务需要按照银行贷款的要求向各类商行申请贷款。

六是供销合作社投入的资金。

七是其他来源。包括政府有关部门的扶持资金、金融资本、风险资本等。

（三）盈余分配

合作社经营所产生的剩余，《农民专业合作社法》称之为盈余。举个简单的例子，假设一家农产品销售合作社，将成员的农产品（假设共30 000公斤）按11元/公斤卖给市场，为了弥补在销售农产品过程中所发生的运输、人工等费用，合作社会首先按10元/公斤付钱给农民，同时按每公斤1元留在合作社，共30 000元钱。如果年终经过核算，所有费用合计为20 000元，这样合作社就产生了10 000元剩余（30 000－20 000＝10 000）。这10 000元剩余，实际上就是成员的农产品出售所得扣除共同销售费用后的剩余，即合作社的盈余。

可分配盈余是在弥补亏损、提取公积金后，可供当年分配的那部分盈余。如上面的例子，虽然当年的盈余为10 000元，但如果合作社上一年有2 000元的亏损，在分配前就应当先扣除2 000元以弥补亏损。如果按照章程或者成员大会规定需要提取2 000元作为公积金，那么当年的可分配盈余就只有6 000元（10 000－2 000－2 000＝6 000）。

可分配盈余的分配，主要应根据交易量（额）的比例进行返还。根据《农民专业合作社法》第三十七条的规定，按交易量（额）比例返还的盈余不得低于可分配盈余的60％。农民专业合作社是从事同类农业生产的农民组建的互助性经济组织。成员利用合作社的服务是合作社生存和发展的基础。比如农产品销售合作社，如果成员都不通过合作社销售农产品，合作社就收购不到农产品，也就无法运转。对于农业生产资料合作社来讲，如果成员不通过合作社购买生产资料，合作社也就失去了存在的必要。因此，成员享受合作社服务的量（即与合作社的交易量）就是衡量成员对合作社贡献的最重要依据。成员与合作社的交易量也就是产生合作社盈余的最重要来源（当然，成员出资也扮演了重要角色）。因此，《农民专业合作社法》规定，按交易量(额)比例返还的盈余不得低于可分配盈余的60%。接前面的例子，社员与合作社的交易量是30 000公斤，假设合作社章程规定，将可分配盈余的50%按照社员与合作社的交易量比例返还，那么，可分配盈余的分配总额就是3 000元(6 000－6 000×50%＝3 000)，每公斤交易量返还盈余0.1元(3 000÷30 000＝0.1)。

按交易量(额)的比例返还是盈余返还的主要方式，但不是唯一途径。根据《农民专业合作社法》第三十七条第二款的规定，合作社可以根据自身情况，按照成员账户中记载的出资额和公积金份额，以及本社接受国家财政直接补助和他人捐赠形成的财产平均量化到成员的份额，按比例分配部分利润。这是因为，在现实中，一个合作社中成员出资不同的情况大量存在。在我国农村资金比较缺乏，合作社资金实力较弱的情况下，必须足够重视成员出资额在合作社运作和获得盈余中的作用。适当按照出资进行盈余分配，可以使出资多的成员获得较多的盈余，从而实现鼓励成员出资，壮大合作社资金实力的目的。此外，成员账户中记载的公积金份额、本社接受国家财政直接补助和他人捐赠形成的财产平均量化到成员的份额，也都应当作为盈余分配时考虑的依据，这是因为，补助和捐赠的财产是以合作社为对象的，而由此财产产生的盈余则应当归全体成员平均所有。接前面的例子，假设章程规定，可分配盈余按照交易量比例返还50%之后的部分，按照成员账户中记载的出资额和公积金份额，以及本社接受国家财政直接补助和他人捐赠形成的财产平均量化到成员的份额(假设100 000元)，按50%比例分配盈余。那么，量化到社员的(社员账户中记载)每一份额能分配到盈余0.015元(3 000×50%÷100 000＝0.015)。

因此，农民专业合作社的盈余分配，应根据相关法律规定，结合本社实际情况，由理事会提出具体分配方案，由社员(代表)大会讨论决定。

(四)内部控制

专业合作社具有人员少、经营环节多、手续制度多的经营特点,所以必须建立完善的内部控制制度。

1. 建立人员控制制度 农民专业合作社的日常工作人员宜少而精,人员的数量、素质应由理事会确定。厂长(经理)、技术负责人、财务负责人、资产保管员、出纳员的任用、解聘应提交理事会确定,特别是财务人员应统一聘用,经过专业培训,持证上岗,确定其在合作社行政管理责任及地位,并定期考核、评审以上人员,确定奖惩及是否续聘。

2. 强化货币资金内部控制制度 合作社必须根据有关法律法规,结合实际情况,建立健全货币资金内部控制制度。

第一,合作社应当建立货币资金业务的岗位责任制,明确相关岗位的职责权限,明确审批人和经办人对货币资金业务的权限、程序、责任和相关控制措施。

第二,合作社收取现金时手续要完备,使用统一规定的收款凭证。合作社取得的所有现金均应及时入账,不准以白条抵库,不准挪用,不准公款私存。

第三,合作社要及时、准确地核算现金收入、支出和结存,做到账款相符。要组织专人定期或不定期清点核对现金。

第四,合作社要定期与银行、信用社或其他金融机构核对账目。支票和财务印鉴不得由同一人保管。

3. 建立健全销售业务内部控制制度

第一,合作社应当按照规定的程序办理销售和发货业务。应当在销售与发货各环节设置相关的记录,填制相应的凭证,并加强有关单据和凭证的相互核对工作。

第二,合作社应当按照有关规定及时办理销售收款业务,应将销售收入及时入账,不得账外设账。

第三，合作社应当加强销售合同、发货凭证、销售发票等文件和凭证的管理。

4. 建立健全存货内部控制制度，建立保管人员岗位责任制

第一，存货入库时，保管员清点验收入库，填写入库单。

第二，存货出库时，由保管员填写出库单，主管负责人批准，领用人签名盖章，保管员根据批准后的出库单出库。

5. 建立健全固定资产内部控制制度，建立人员岗位责任制

第一，应当定期对固定资产盘点清查，做到账实相符，年度终了前必须进行一次全面的盘点清查。

第二，盘亏及毁损的固定资产，应查明原因，按规定程序批准后，按其原价扣除累计折旧、变价收入、过失人及保险公司赔款之后，计入其他支出。

6. 建立健全借款业务内部控制制度 明确审批人和经办人的权限，程序，责任和相关控制措施。不得由同一人办理借款业务的全过程。

第一，合作社应当对借款业务按章程规定进行决策和审批，并保留完整的书面记录。

第二，合作社应当在借款各环节设置相关的记录，填制相应的凭证，并加强有关单据和凭证的相互核对工作。

第三，合作社应当加强对借款合同等文件和凭证的管理。

第四，合作社应当定期或不定期对借款业务内部控制进行监督检查，对发现的薄弱环节，应当及时采取措施，加以纠正和完善。

7. 建立生产经营成本、费用等开支的审批制度 合作社的日常开支，要区分不同性质、不同额度分别审批。

例如目前一部分农民专业合作社费用支出由理事长负责审批，一般经费开支在500元以内，由理事长直接审批；500元以上，经理事会集体审核后，由理事长审批；重大项目建设及投资，由社员(代表)大会讨论通过后，由理事长执行审批手续。办理各项支出,要取得合法的原始凭证,凭证必须有经手人、审批人签字方可入账。

合作社的生产成本是指合作社直接组织生产或对非成员提供劳务等活动所发生的各项生产费用和劳务成本。

合作社的经营支出是指合作社为成员提供农业生产资料的购买、农产品的销售、加工、运输、贮藏以及与农业生产经营有关的技术、信息等服务发生的实际支出,以及因销售合作社自己生产的产品,对非成员提供劳务等活动发生的实际成本。

管理费用是指合作社管理活动发生的各项支出,包括管理人员的工资,办公费,差旅费,管理用固定资产的折旧,业务招待费,无形资产摊销等。

其他支出是指合作社除经营支出,管理费用以外的支出。

8. 建立投资、重大管理制度改革的可行性论证制度 合作社必须慎重行事,理事会应聘请有关专家进行认真的研究论证并经社员(代表)大会讨论确定。

9. 建立财务审计制度,加强审计监督 为了取得广大社员的信任,财务管理必须高度民主化、透明化,要充分发挥监事会作用,有条件的可以引进事务所审计等第三方监督力量。

10. 加强制度的执行力度 建立完善财务管理制度后,应加强制度的执行力度。规定管理部门专人负责制度的更新与完善,定期了解各项制度的执行情况,搜集反馈意见,确保制度符合实际发展需要。

七、农民专业合作社的业务管理

农民专业合作社的业务管理包括对生产、采购、销售、技术等生产经营各个环节的管理。良好的业务管理能使合作社的经营顺利有序进行。

【范 例】

新乡市农民专业合作社规范化生产经营管理制度

1. 签订生产指导性计划协议 本社根据市场需求和产品生产实际情况，统一制订年度生产计划和各个阶段生产计划，并与社员签订生产指导性计划协议。

2. 统一农资供应 本社根据生产需要和技术要求，统一组织为成员采购、供应生产资料。实行规模采购，降低成员生产成本。合作社统一采购供应的农资须保证质量，适合本社各项生产和质量安全技术标准。否则，造成的损失由负责采购的当事人赔偿。

3. 统一技术标准 合作社按照相关质量安全要求，统一制定生产技术规程，按产品质量标准组织生产，建立和完善产品质量安全追溯、检测监督等制度。

4. 统一指导服务 合作社实行管理人员对生产区域、产品品种服务管理责任制，统一对成员进行生产前、生产中、生产后的指导服务和管理。合作社对管理人员的报酬或补助按任务完成情况进行考核发放。因指导服务和管理不到位造成损失的，由业务管理制度规定的相关负责人（如产前产品品种指导人员，产中技术指导人员，产后收割、贮藏等指导人员）负责赔偿。

5. 统一申报产品认证和产地认定 合作社统一申报无公害、绿色、有机农产品认证和无公害基地认定及地方名牌、著名商标等，提升产品品牌和档次。

6. 统一销售 合作社要严格按照合同规定的产品收购质量、价格、数量等要求收购成员产品，做到公平公正。成员也要维护本社形象和利益，履约守信，按时、保质、保量交售产品，确保产品能及时包装、销售。

（资料来源：中国农经信息网，2011-08-18）

合作社要确保信息畅通，按市场行情，随时公布交售产品的品种、质量、价格以及交售办法和要求，使成员及时组织采收、整理、分级、包装，使产品适时进入市场。合作社要确定专人，定期对收购、贮存、调运的产品以及待交售的产品，分成员、分生产基地、分产品种类、分质量规格、分客户、分市场建立台账，做好统计分析，以指导、调度好产品贮存和销售。

八、农民专业合作社的收益分配

（一）农民专业合作社收益分配的原则

我国《农民专业合作社法》规定了可分配盈余按成员与本社的交易量（额）比例返还、返还总额不得低于可分配盈余的60%的分配原则。这一分配原则是由农民专业合作社的特殊性决定的：①农民专业合作社不是单纯的资本的联合，而主要是农民的劳动联合。②农民专业合作社虽然属于经济组织，但并非以营利为目的，而是以服务成员为宗旨，这是农民专业合作社成立、开展活动的出发点和归宿点。③参加农民专业合作社的成员，主要不是为了通过参加合作社来牟取利润，而是为了获得合作社提供的帮助和服务。

（二）建立灵活的收益分配机制

目前在我国采用按交易额（量）返还并没有成为一种普遍的做法。主要原因在于：①我国的农民专业合作社成立时间相对较短，前期投入成本较多，没有太多的盈余可供返还，且资本对于大多数合作社来说是稀缺的，自然会有更大的权利。②按交易额返还需要一定的周期，社员更愿意进行直接的现金交易，交售农产品的同时就获得全部收益。他们更喜欢获得合作社给予的价格优惠或免费(优惠)运销服务、技术服务等。③农民对合作社的认识还不够充分,对是否加入合作社持观望态度。

因此,对合作社而言,按交易额返还盈余在未来可能会成为普遍的盈余分配做法,但在目前阶段,还应根据本社实际情况采取更为灵活的收益分配机制,如引进股份制,条件成熟时的二次分红等。

【范 例】

伊川县伊赛养殖专业合作社盈余分配制度

1. 为了保护社员的合法权益,体现合作社的本质,依据《中华人民共和国农民专业合作社法》和农业部《农民专业合作社示范章程》,特制定本制度。

2. 参加盈余分配的人员为持有本社《社员证》的社员。

3. 合作社在进行年终盈余分配工作以前,要做好财产清查,准确核算全年的收入、成本、费用和盈余;清理财产和债权、债务。合作社的盈余按照下列顺序进行分配:

(1)提取盈余公积。盈余公积按不低于10%的比例提取。用于发展生产,可转增资本和弥补亏损。

(2)提取风险基金。按照章程或成员大会决议规定的比例提取。用于以丰补歉。

(3)向社员分配盈余。合作社的盈余经过上述分配后的余额,按照交易量(额)向社员返还,返还比例不低于60%;按照出资额、成员应享有公积金份额、国家财政扶持资金及接受捐赠份额向社员返还,返还比例不超过40%。入社不满一年的社员,根据社员实际出资额、入社时间,按比例、按时间段进行分配。

4. 农民专业合作社盈余分配方案要经社员大会或社员代表大会讨论通过后执行。

5. 按交易量(额)比例返还金额及平均量化到社员的资金份额记载到《社员证》中。

6. 本制度从2008年7月1日起执行。

九、农民专业合作社的决策和监督

(一)合作社的决策

合作社的最高决策机构是全体成员大会或成员代表大会。成员大会行使下列职权:①修改章程;②选举和罢免理事长、理事、执行监事或者监事会成员;③决定重大财产处置、对外投资、对外担保和生产经营中的其他重大事项;④批准年度业务报告、盈余分配方案、亏损处理方案;⑤对合并、分立、解散、清算做出决议;⑥决定聘用经营管理人员和专业技术人员的数量、资格和任期;⑦听取理事长或者理事会关于成员变动情况的报告;⑧理事会是成员大会的执行机构,对于日常运营有决策权。

(二)合作社的监督

执行监事或者监事会是由合作社成员选举产生的监督机构。当其发现理事长、理事会或其他管理人员不履行职权,或者有违反法律、章程等行为,或者因决策失误,严重影响合作社生产经营等情形,应当履行监督职责,认为需要及时召开成员大会做出相关决定时,应当提议召开临时成员大会。

十、农民专业合作社的权益维护

2007年7月1日起施行的《农民专业合作社法》对农民专业合作社进行了规范,立足于对自愿参加农民专业合作社农民民主权利和财产权利的保护。

（一）“民办、民有、民管、民受益”原则

法律根据“民办、民有、民管、民受益”原则，尊重和保护农民的民主办社的权利。

（二）制度保护

在《农民专业合作社法》中，通过有限责任制度、成员账户制度、盈余分配制度、退社制度等，对成员的财产权利进行保护。加入合作社，其出资额和公积金份额仍然记载在其自己的账户中，并作为参与合作社盈余分配的重要依据，如果成员因自身的原因选择退出合作社，其享有的财产份额仍然可以退还。农民专业合作社是新型的市场主体，法律对农民专业合作社及其成员的财产权利给予了充分的保护。

十一、农民专业合作社社员的教育与培训

（一）学习、培训内容

主要学习、培训有关合作社的法律、法规、政策，合作社生产经营管理知识，合作社章程和管理制度，以及与合作社相关的生产技术等。

（二）学习、培训时间

可以安排集体学习和重点学习。培训对象包括全体社员、合作社理事会成员、监事会成员、管理人员、社员代表。重要、紧急的学习内容可随时安排集体学习。

(三)学习、培训方式

学习可以采取集中学习与个人自学相结合,自我组织培训与接受其他组织培训相结合,专题学习、培训与以会代训相结合的方式进行。此外,也可以灵活运用网络学习、远程学习等现代化学习形式。

(四)注重学习、培训效果

一是理事会应负责社员学习、培训的组织和领导,每年制订符合本社实际的学习、培训计划。

二是学习、培训要做到组织化、日常化,且注重培训效果。

第四章 农民专业合作社的合并、分立、解散和清算

一、农民专业合作社的合并

(一)什么是农民专业合作社的合并

农民专业合作社合并,是指两个或者两个以上的农民专业合作社通过订立合并协议,合并为一个农民专业合作社的法律行为。

(二)为什么要合并农民专业合作社

目前,农民专业合作社存在一些很现实的问题,主要是规模小,资金不足,技术落后,这些都不利于合作社进一步发展。为此,政府鼓励合作社加强联合与合作,以解决其规模化生产难、加工增值难和科技创新难等问题。近年,各省、市根据地方特点和产业优势,不少农民专业合作社合并成联合社,取得了较好的成效。

(三)合并后债权、债务的处理

《农民专业合作社法》第三十九条规定,农民专业合作社合并,应当自合并决议做出之日起 10 日内通知债权人。合并各方的债权、债务应当由合并后存续或者新设的组织承继。

农民专业合作社进行生产经营,不可避免地会对外产生债权、债务。合作社合并后,至少有一个合作社丧失法人资格,而且存续或者新设的合作社也与以前的合作社不同,对于合作

社合并前的债权、债务,必须要有人承继。因此,合作社合并的法律后果之一就是债权、债务的承继,即合并后存续的合作社或者新设立的合作社,必须无条件地接受因合并而消灭的合作社的对外债权与债务。

(四)合并的具体程序

1. 做出合并决议 依据《农民专业合作社法》的规定,合作社合并决议由合作社成员大会做出。农民专业合作社召开关于合作社合并的成员大会,出席人数应当达到成员总数2/3以上。成员大会形成合并的决议,应当由本社2/3以上成员表决同意才能通过。成员大会或者成员代表大会还要授权合作社的法定代表人签订合并协议。

2. 通知债权人 合作社应当自做出合并决议之日起10日内通知债权人。

3. 签订合并协议 合作社合并协议是两个或者两个以上的合作社就有关合并的事项达成一致意见的书面表示形式,各方合作社签名、盖章后,即产生法律效力。

4. 合并登记 因合并而存续的合作社,保留法人资格,但应当办理变更登记;因合并而被吸收的合作社,应当办理注销登记,法人资格随之消除;因合并而新设立的合作社,要先注销现存的合作社,并办理设立登记,取得法人资格。

【范 例】

江苏省苏州市创农村经济新模式
合并股份合作社成集团公司

我国首个农民集团——苏州湖桥集团于2010年11月23日正式成立,标志着苏南农村经济走出了一种新的模式。集体公司以合作社为基础，进行产业整合，农民组建各类股份合作社，再把合作社联合组建成为集团公司，成功走出突破农村合作社瓶颈的新路子。

苏州湖桥村位于太湖之滨，村域面积 10.38 平方公里。全村共有 28 个自然村、1 178 户、4 475 人。经过 5 年的发展，村里组建了物业股份合作社，社区股份合作社和生态农业股份合作社三大合作经济组织。这次又将这三大股份合作社合并，成立集团公司，农业股份合作社出资 3 000 万元，物业股份合作社出资 1 600 万元，社区股份合作社出资 1 000 万元，公司总注册资本 5 600 万元。集团下辖文化旅游、建筑、园林绿化、物流等五大子公司。

这个集团的基础是合作社，合作社对农民的增收是有非常多好处的。例如湖桥村村民李根男自己承包土地，每亩最多也就 960 元的收入，村里实行土地流转后，统一对外经营，现在每亩田收入可以增加到 1 200 元。

二、农民专业合作社的分立

（一）什么是农民专业合作社的分立

农民专业合作社的分立是指一个农民专业合作社分成两个或者两个以上的农民专业合作社的法律行为。

（二）为什么要分立农民专业合作社

在农民专业合作社发展过程中，会因为种种原因产生分立合作社的需要。比如业务范围的扩大使得原来合作社的发展效率降低，将一些业务通过合作社分立的方式分离出去，可以使各个合作社集中精力办好自己的事情。又比如随着业务的扩大，合作社经营的地理区域也不断扩大，在各地设立分社可以应对这一形势的变化。总之,农民专业合作社的分立是伴随着发展的实际需要而产生的。

(三)分立后债权、债务的处理

根据《农民专业合作社法》第四十条规定:农民专业合作社分立,其财产作相应的分割,并应当自分立决议做出之日起 10 日内通知债权人。分立前的债务由分立后的组织承担连带责任。但是,在分立前与债权人就债务清偿达成的书面协议另有约定的除外。

合作社分立前债务的承担有以下两种方式:一是按约定办理。债权人与分立的合作社就债务清偿问题达成书面协议的,按照协议办理。二是承担连带责任。合作社分立前未与债权人就清偿债务问题达成书面协议的,分立后的合作社承担连带责任。债权人可以向分立后的任何一方请求自己的债权,要求履行债务。被请求的一方不得以各种非法定的理由拒绝履行偿还义务。否则,债权人有权依照法定程序向人民法院起诉。

(四)分立的具体程序

1. 做出分立决议 依据《农民专业合作社法》的规定,合作社分立决议由合作社成员大会做出。农民专业合作社召开关于合作社分立的成员大会,出席人数应当达到成员总数 2/3 以上。成员大会形成分立的决议,应当由本社 2/3 以上成员表决同意才能通过。成员大会或者成员代表大会还要授权合作社的法定代表人签订分立协议。

2. 通知债权人 合作社应当自做出分立决议之日起 10 日内通知债权人。

3. 签订分立协议 合作社分立协议是合作社有关各方就有关分立的事项达成一致意见的书面表示形式,经分立各方合作社代表签名、盖章后,即产生法律效力。

4. 分立登记 因分立而存续的合作社,保留法人资格,但应当办理变更登记;因分立而被消灭的合作社,应当办理注销登记,法人资格随之消除;因分立而新设立的合作社,要先注销现存的合作社,并办理设立登记,取得法人资格。

【范 例】

始兴县工商局登记首家农民专业合作社分社

始兴县工商局工作人员将《农民专业合作社营业执照》送到鑫源水果专业合作社顿岗分社负责人手中,意味着该分社正式登记成立。

据了解,始兴县鑫源水果专业合作社于 2009 年 5 月 20 日注册成立,出资总额50万元,现有社员 83 户。近年来,随着合作社的不断发展,初步形成了以果品的推广、技术服务、技术培训为一体,以优质果品生产资料供应、产前产中技术服务为主要内容的生产管理模式。

为进一步拓宽服务范围,提高合作社的服务管理水平,2010年,该合作社积极发展分支机构,9 月 20 日,在始兴县工商局的支持下,率先成立了始兴县第一家合作社分社,就近为社员提供农资供应、信息技术和产品销售等服务,有力地推动了当地农业产业化、规模化发展进程。

(资料来源:韶关日报,2010-10-01)

三、农民专业合作社的解散

（一）什么是农民专业合作社的解散

所谓农民专业合作社解散是指合作社因发生法律规定的解散事由而停止业务活动，最终使法人资格消灭的法律行为。

（二）农民专业合作社解散的法定原因

《农民专业合作社法》第四十一条规定了农民专业合作社解散的4种原因。

1. 章程规定的解散事由出现 一般来说，解散事由是合作社章程的必要记载事项，合作社的设立大会在制定合作社章程时，可以预先约定合作社的各种解散事由，典型的章程规定解散事由包括：

（1）本社成员人数少于5人；

（2）成员大会决议解散；

（3）本社分立或者与其他农民专业合作社合并后需要解散；

（4）因不可抗力因素致使本社无法继续经营，不可抗力因素包括自然灾害（台风、地震、洪水等），政府行为（征收、征用），社会异常事件（罢工、骚乱）等；

（5）依法被吊销营业执照或者被撤销；

（6）成员共同决议的其他情形（章程中如不做具体规定，此项可删除）。

如果在合作社经营中，规定的解散事由出现，成员大会或者成员代表大会可以决议解散合作社。如果此时不想解散，可以通过修改章程的办法，使合作社继续存续，但这种情况应当办理变更登记。《农民专业合作社登记管理条例》第二十三条规定，农民专业合作社修改章程未涉及登记事项的,应当自做出修改决定之日起30日内,将法定代表人签署的修改后的章程或者章程修正案报送登记机关备案。

2. 成员大会决议解散 成员大会是合作社的权力机构,根据《农民专业合作社法》的规定,它有权对合作社的解散事项做出决议。《农民专业合作社法》第二十三条规定,农民专业合作社召开成员大会,做出解散的决议应当由本社成员表决权总数的2/3以上大会决议解散合作社,不受合作社章程规定的解散事由的约束,可以在合作社章程规定的解散事由出现前,根据成员的意愿决议解散合作社。

3. 因合并或者分立需要解散 当合作社吸收合并时,吸收方存续,被吸收方解散;当合作社新设合并时,合并各方均解散。当合作社分立时,如果原合作社存续则不存在解散问题;如果原合作社分立后不再存在时,则原合作社应解散。合作社的合并、分立应由成员大会做出决议。

4. 依法被吊销营业执照或者被撤销 依法被吊销营业执照是指依法剥夺被处罚合作社已经取得的营业执照,使其丧失合作社经营资格。被撤销是指由行政机关依法撤销农民专业合作社登记。如《农民专业合作社法》第五十四条规定,农民专业合作社向登记机关提供虚假登记材料或者采取其他欺诈手段取得登记的,由登记机关责令改正;情节严重的,撤销登记。《农民专业合作社法》第五十五条规定的农民专业合作社虚假登记、提供虚假材料等欺诈行为有两种表现形式:一种是农民专业合作社向登记机关提供虚假登记材料或者采取其他欺诈手段取得登记;另一种是农民专业合作社在依法向有关主管部门提供的财务报告等材料中,作虚假记载或者隐瞒重要事实。前一种情况是为了向登记机关骗取登记,后一种情况是在向有关主管部门的报告中作虚假记载或者隐瞒重要事实。当合作社因违反法律、行政法规被吊销营业执照或者被撤销的，应当解散。

5. 补充说明 因章程规定的解散事由出现、成员大会决议和依法被吊销营业执照或者被撤销而解散的合作社，应进行清算。具体清算细则及程序，请见第 90 页“农民专业合作社的清算”。

（三）解散的具体程序

1. 做出解散决议 依据《农民专业合作社法》的规定，合作社解散决议由合作社成员大会做出。农民专业合作社召开关于合作社解散的成员大会，出席人数应当达到成员总数 2/3 以上。成员大会形成解散的决议，应当由本社 2/3 以上成员表决同意才能通过。成员大会或者成员代表大会还要授权合作社的法定代表人签订解散决议。

2. 通知债权人 合作社应当自做出解散决议之日起 10 日内通知债权人。

3. 签订解散决议 合作社解散决议是合作社有关各方就有关解散的事项达成一致意见的书面表示形式，经法定代表人签名、盖章后，即产生法律效力。

4. 注销登记 因解散而终止的合作社，应当办理注销登记。办理注销登记需向工商部门提交注销登记申请书、解散决议以及清算报告等相关文件，经审核通过后，合作社才算正式解散。

(1)注销登记申请 注销登记需填写《农民专业合作社注销登记申请书》，见表 4-1。

表 4-1 农民专业合作社注销登记申请书

注册号：

名 称		
住 所		
申请注销登记原因	1. 章程规定的解散事由出现。□ 2. 成员大会决定解散。□ 3. 因合并或者分立需要解散。□ 4. 依法被吊销营业执照或者被撤销。□	
分支机构办理注销登记情况		
清算公告情况	公告报纸名称	
	公告日期	

本农民专业合作社依照《中华人民共和国农民专业合作社法》、《中华人民共和国农民专业合作社登记管理条例》申请注销登记，提交文件材料真实有效。谨对真实性承担责任。

法定代表人□清算组负责人□签名：

年 月 日

注：在选择的类型□中打"√"

（2）注销登记相关事项 见表 4-2。

表 4-2 农民专业合作社注销登记一览表

法定依据	1.《中华人民共和国农民专业合作社法》 2.《农民专业合作社登记管理条例》 3. 国家工商行政管理总局《关于印发〈关于农民专业合作社登记管理的若干意见〉和〈农民专业合作社登记文书格式规范〉的通知》（工商个字〔2007〕126 号）

续表 4-2

申请条件	1. 因合并、分立而解散的农民专业合作社，应当自做出解散决议之日起 30 日内，向原登记机关申请注销登记。 2. 因农民专业合作社经营范围有前置许可的，其许可证或其他批准文件被吊销或撤销的、许可证或其他批准文件有效期届满的，自许可证事由发生之日起 30 日内向原登记机关申请注销登记。 3. 农民专业合作社因章程规定的解散事由出现、成员大会决议解散或依法被吊销营业执照，应当自清算结束之日起 30 日内，向原登记机关申请注销登记。
申报材料	1. 成立清算组的农民专业合作社申请注销登记应当提交： (1)农民专业合作社清算组负责人签署的《农民专业合作社注销登记申请书》(清算组负责人签名)； (2)清算组全体成员签署的《指定代表或者委托代理人的证明》(委托人签名或盖章)及指定代表或委托代理人身份证复印件(本人签字)，应标明具体委托事项、被委托人的权限、委托期限； (3)成员大会或者成员代表大会依法做出的解散决议，或农民专业合作社依法被吊销营业执照或者被撤销的文件，或人民法院的破产裁定、解散裁判文书； (4)成员大会、成员代表大会或者人民法院确认的清算报告； (5)《农民专业合作社法人营业执照》正、副本； (6)清算组刊登公告的报纸或其复印件(依法免除公告义务的不提交)； (7)清算组成员和负责人产生的文件及名单； (8)有分支机构的农民专业合作社申请注销登记，还应当提交分支机构的注销登记证明。 2. 因合并、分立而解散的农民专业合作社申请注销登记应当提交： (1)法定代表人签署的《农民专业合作社注销登记申请书》(法定代表人签名)； (2)法定代表人签署的《指定代表或者委托代理人的证明》(委托人签名或盖章)及指定代表或委托代理人身份证复印件(本人签字)，应标明具体委托事项、被委托人的权限、委托期限；

续表 4-2

申报材料	(3)成员大会或者成员代表大会依法做出的解散决议; (4)成员大会或者成员代表大会做出的债务清偿或者债务担保情况的说明; (5)《农民专业合作社法人营业执照》正、副本; (6)有分支机构的农民专业合作社申请注销登记,还应当提交分支机构的注销登记证明。 以上需农民专业合作社成员或清算组成员签署的,成员为自然人的由本人签名;自然人以外的设立人加盖公章。
办理程序	1. 申请人持上述申报材料到当地政府工商局办理。 2. 农民专业合作社解散,依法应当清算的,清算组应当自成立之日起 10 天内将清算组成员、清算组负责人名单向登记机关备案。 3. 符合备案条件的,颁发《企业(公司)备案事项核准通知》,申请人发布《清算公告》。 4. 清算组应当自清算结束之日起 30 日内向原登记机关申请注销登记,对符合注销条件的,颁发注销核准通知书。 5. 申请人凭《受理通知书》、本人身份证原件领取注销核准通知书。 6. 申请人公告农民专业合作社终止。
办理时限	法定时限:20 个工作日
收费标准及依据	不收费
审查重点	1. 申请人提交的文件、证件是否有效、齐全、符合法定形式。 2. 申请人提交的文件、证明应当是原件,不能提交原件的,其复制件应当由登记机关核对。 3. 设有分支机构的农民专业合作社,应当提交分支机构所在地企业登记机关核发的分支机构注销核准通知书。 4. 清算人申请注销登记的,应当提交人民法院指定其为清算人的证明。

续表 4-2

注意事项	1. 是否属于本局登记管辖的范围。 2. 指定代表或者委托代理人的证明，应标明指定代表或者委托代理人的办理事项、权限、授权期限。 3. 未注明提交复印件的，应当提交原件；提交复印件的，应当注明“与原件一致”，并由农民专业合作社签署，或者由委托的代理人加盖公章或签字。 4. 收缴营业执照正、副本，农民专业合作社印章留取印模后当面销毁。 5. 提交的申请书与其他申请材料应当使用 A4 型纸。 6. 申请材料审查后，应根据登记程序的要求，分别向申请人出具相应的法律文书。
受理审核意见	1. 受理人员意见：该农民专业合作社申请注销登记，提交申请材料齐全，符合法定形式，同意受理。建议准予注销登记。 2. 核准意见：准予该农民专业合作社注销登记，核发注销核准通知书。

【范　例】

荆州市沙洋县撤销虚假设立的专业合作社

2010 年 3 月 8 日，沙洋县工商局根据检察机关提供线索，对胡某涉嫌提交虚假材料取得登记行为进行立案查处。根据《中华人民共和国农民专业合作社法》规定：农民专业合作社向登记机关提供虚假材料或者采取其他欺诈手段取得登记的，由登记机关责令改正；情节严重的，撤销登记。沙洋县工商局最终对锦绣肉牛养殖专业合作社做出撤销登记的行政处罚。

经执法人员调查，当事人胡某于 2009 年 5 月找到沈集镇马某,要其帮忙提供该镇农民的居民身份证复印件。马某采取不正当手段,在王某等4名农民不知情的情况下,向胡某提供了他们的身份证复印件。

当月,胡某持本人及上述4人居民身份证复印件,伪造了农业人口户口簿,虚报出资额200万元,到当地工商机关申请成立锦绣肉牛养殖专业合作社,并取得营业执照。根据有关法规,工商机关对农民专业合社不履行验资职责,不纳入年检范围。

在工商机关注册登记后,胡某利用营业执照采取合同诈骗手法,骗取他人货物、押金达180万元。2010年9月检察机关对其提起公诉。2011年1月,当地法院对其做出刑事判决。依据农民专业合作社法对农民专业合作社撤销的相关规定,按照相关程序撤销了该合作社。

(资料来源:荆州市工商行政管理局网站,2011-03-14)

四、农民专业合作社的清算

(一)什么是农民专业合作社的清算

农民专业合作社清算,是指农民专业合作社解散后,依照法定程序清理合作社债权、债务,处理合作社剩余财产,使合作社注销的法律行为。

(二)农民专业合作社清算的法律依据

《民法通则》第四十条规定,法人终止,应当依法进行清算,停止清算范围外的活动。清算的目的是为了保护合作社成员和债权人的利益,除合作社合并、分立两种情形外,合作社解散后都应当依法进行清算。

（三）清算的期限

农民专业合作社因章程规定的解散事由出现、成员大会决议解散或者依法被吊销营业执照、被撤销等原因解散的，应当在解散事由出现之日起 15 日内由成员大会推举成员组成清算组，开始解散清算。逾期不能组成清算组的，成员、债权人可以向人民法院申请指定成员组成清算组进行清算，人民法院应当受理该申请，并及时指定成员组成清算组进行清算。

清算组是指在合作社清算期间负责清算事务执行的法定机构。合作社一旦进入清算程序，理事会、理事、经理即应停止执行职务，而由清算组行使管理合作社业务和财产的职权，对内执行清算业务，对外代表合作社。清算组自成立之日起接管农民专业合作社，负责处理与清理有关未了结业务，清理财务和债权、债务，分配清偿债务后的剩余财产，代表农民专业合作社参与诉讼、仲裁或者其他法律程序，并在清算结束时办理注销登记。清算组成员应当忠于职守，依法履行清算义务，因故意或者重大过失给农民专业合作社成员及债权人造成损失的，应当承担赔偿责任。

（四）清算的登记管理

《农民专业合作社登记管理条例》第二十五条规定了合作社解散需要注销登记的具体条款。成立清算组的农民专业合作社应当自清算结束之日起 30 日内，由清算组全体成员指定的代表或者委托的代理人向原登记机关申请注销登记，并提交以下文件：

（1）清算组负责人签署的注销登记申请书；

（2）农民专业合作社依法做出的解散决议，农民专业合作社依法被吊销营业执照或者被撤销的文件，人民法院的破产裁定、解散裁判文书；

（3）成员大会、成员代表大会或者人民法院确认的清算报告；

(4)营业执照;

(5)清算组全体成员指定代表或者委托代理人的证明。

因合并、分立而解散的农民专业合作社,应当自做出解散决议之日起30日内,向原登记机关申请注销登记,并提交法定代表人签署的注销登记申请书、成员大会或者成员代表大会做出的解散决议以及债务清偿或者债务担保情况的说明,营业执照和法定代表人指定代表或者委托代理人的证明。

经登记机关注销登记,农民专业合作社终止。

(五)清算的具体程序

1. 成立清算组 合作社应当在解散事由出现之日起15日内由成员大会推举成员组成清算组,开始解散清算。逾期不能组成清算组的,成员、债权人可以向人民法院申请指定成员组成清算组进行清算,人民法院应当受理该申请,并及时指定成员组成清算组进行清算。

2. 通知、公告合作社成员和债权人 合作社在解散清算时,由清算组通知本社成员和债权人有关情况,通知、公告债权人在法定期间内申报自己的债权。为了顺利完成债权登记、债务清偿和财产分配,避免和减少纠纷,《农民专业合作社法》对清算组通知、公告合作社成员和债权人的期限和方式做了以下限定:

(1)清算组应当自成立之日起10日内通知本社成员和明确知道的债权人;

(2)对于不明确的债权人或者不知道具体地址和其他联系方式的,由于难以通知其申报债权,清算组应自成立之日起60日内在报纸上公告,催促债权人申报债权。

如果在规定的期间内全部成员、债权人均已收到通知,则免除清算组的公告义务。

债权人应在规定的期间内向清算组申报债权。具体来说,收到通知书的债权人应自收到通知书之日起30日内,向清算组申报债权;未收到通知书的债权人应自公告之日起45日内,向清算组申报债权。债权人申报债权时,应明确提出其债权内容、数额,债权成立的时间、地点,有无担保等事项,并提供相关证明材料,清算组对债权人提出的债权申报应当逐一查实,并做出准确详实的登记。

3. 制定清算方案 清算方案是由清算组制定的如何清偿债务、如何分配合作社剩余财产的一整套计划。清算组在清理合作社财产,编制资产负债表和财产清单后,应尽快制定包括清偿农民专业合作社员工的工资及社会保险费用,清偿所欠税款和其他各项债务,以及分配剩余财产在内的清算方案。清算组制定出清算方案后,应报成员大会通过或者人民法院通过。

4. 实施清算方案 清算方案经农民专业合作社成员大会通过或者人民法院确认后实施。清算方案的实施必须在支付清算费用、清偿员工工资及社会保险费用,清偿所欠税款和其他各项债务后,再按财产分配的规定向成员分配剩余财产。如果发现合作社财产不足以清偿债务的,清算组应当停止清算工作,依法向人民法院申请破产。合作社破产时应注意清偿顺序,根据法律的规定,合作社破产时的财产要按照以下顺序分配:

(1)破产费用;

(2)共益债务;

(3)清偿破产前与农民成员已经发生但是尚未结清的款项;

(4)抵押债权;

(5)合作社员工的工资和社会保险费用;

(6)所欠税款;

(7)一般债权。

5. 注销登记 清算结束后办理注销登记是清算组的最后一项工作,办理完合作社的注销登记,清算组的职权终止,清算组即行解散，不得再以合作社清算组的名义进行活动。

(六)相关说明

1. 破产费用 是指法院受理破产申请后发生的费用。《破产法》第四十一条规定，破产费用包括：诉讼费用，管理、处理和分配债务人财产的费用，管理人的费用、报酬和聘用工作人员的费用等。

(1)诉讼费用 包括：①破产申请费用；②破产管理人为收回破产财产提起诉讼或进行其他法律程序所发生的费用，以及破产管理人以破产企业名义应诉而发生的诉讼费用等；③破产案件在诉讼过程中产生的其他费用，如证据保全费、调查费、财产保全费、公告费、鉴定费、送达费、勘验费，以及人民法院认为其他应当支付的诉讼费用。

(2)管理、变价和分配债务人(破产人)财产费用 包括但不限于债务人财产的保管费用、保养与修缮费用、拍卖或变价变卖费用、变更权属费用、仓储费用、运输费用、保险费用、评估费用、公告及通知债权人受领财产的送达邮寄费用、提存预分配财产费用等。

(3)破产管理人报酬、聘用工作人员的费用和执行职务的费用

其中需要注意的是，破产管理人报酬的支付必须要向人民法院提出书面申请并经过审查批准程序，以防出现自己给自己支付报酬的局面。

2. 共益债务 是指人民法院受理破产申请后，为了全体债权人的共同利益以及破产程序顺利进行而发生的债务。具体如下：

(1)因管理人或者债务人请求对方当事人履行双方均未履行完毕的合同所产生的债务；

(2)债务人财产受无因管理所产生的债务；

(3)因债务人不当得利所产生的债务；

(4)为债务人继续营业而应支付的劳动报酬和社会保险费用

以及由此产生的其他债务；

(5)管理人或者相关人员执行职务致人损害所产生的债务；

(6)债务人财产致人损害所产生的债务。

3. 特别规定 农民专业合作社法除了规定了一些类似于企业破产的一般规定外，还针对农民专业合作社的特殊性做出了一些特别规定。

(1)《农民专业合作社法》第四十四条规定，农民专业合作社因章程规定的解散事由出现而解散，或者人民法院受理破产申请时，不能办理成员退社手续。

因为成员退社时需要按照章程规定的方式和期限，退还记载在该成员账户内的出资额和公积金份额。如果在农民专业合作社解散和破产时，成员办理退社手续、分配财产，将影响清算的进行，并严重损害合作社其他成员和债权人的利益。因此，在农民专业合作社解散和破产时，不能办理成员退社手续。

(2)《农民专业合作社法》第四十六条规定，农民专业合作社接受国家财政直接补助形成的财产，在解散、破产清算时，不得作为可分配剩余资产分配给成员，处置办法由国务院规定。

国家财政直接补助是国家为扶持农民专业合作社的发展，提高合作社的服务水平和竞争能力，使成员通过合作社获得更多收入，让成员充分分享合作社的利益而发放的。这对于资金缺乏，规模弱小，尚处于初始阶段的农民专业合作社具有显著的扶持作用。国家财政直接补助不是补助合作社中的某个成员，因此其形成的财产，不能在清算时分配给成员。关于合作社解散和破产时，接受国家财政直接补助形成的财产如何处置，《农民专业合作社法》授权国务院制定处置办法。

(3)《农民专业合作社法》第四十八条规定，农民专业合作社破产适用企业破产法的有关规定。但是，破产财产在清偿破产费用和共益债务后，应当优先清偿破产前与农民成员已发生交易但尚未结清的款项。

上述规定是对合作社破产财产优先清偿顺序的规定，体现了对农民成员权益的特殊保护，包含两层意思：一是农民专业合作社的破产财产在清偿破产费用和共益债务后，应当优先清偿破产前与农民成员已发生交易但尚未结清的款项。享有优先受偿权的只限于农民成员。二是在优先清偿破产前与农民成员已发生交易但尚未结清的款项之后，合作社破产财产的清偿顺序再运用《企业破产法》的有关规定。

第五章 农民专业合作社的扶持政策

一、为什么要扶持农民专业合作社

（一）农民专业合作社发展快、潜力大

农民专业合作社是稳定完善农村基本经营制度的有效途径，是推动农业经营体制机制创新、提高农业生产和农民进入市场组织化程度的重要载体，是构建新型农业社会化服务体系的基础力量。《农民专业合作社法》颁布实施以来，农民专业合作社发展速度明显加快，组织功能逐步完善，涉及产业门类日益增多，农业内部增收潜力不断挖掘，服务内容不断拓展，带动农民增收效果明显，市场竞争能力日益增强，正在逐步成为发展现代农业和建设现代农业产业体系的重要组织载体。农民专业合作社在我国属于发展农村经济的较新事物，具有较大的发展潜力，需要政府的大力扶持。

（二）农民专业合作社是弱势组织

农民专业合作社是在农村家庭承包经营基础上，由同类农产品的生产经营者或者同类农业生产经营服务的提供者、利用者，自愿联合、民主管理并在当地工商行政管理部门依法登记的互助性经济组织。这种组织的主要成员是广大的农民，经济基础比较薄弱，农业本身的生产特点决定了农民专业合作社较其他盈利性组织，具有较大的风险性和局限性。为了能让其在实力均衡的基础上参与市场竞争，提高农民专业合作社的市场谈判能力，需要政府加大政策扶持力度，树立农民专业合作社的市场地位。

(三)农民专业合作社是解决“三农”问题的组织平台

2005年,党和国家逐步做出了“工业反补农业,城市反补农村”的政策调整,把解决“三农”问题摆在了关乎全局的战略层面,出台了一系列支农惠农政策。农民专业合作社作为发展农村经济的合作性互助组织,适应我国农业生产的发展规律,不仅有利于农村经济问题的解决,在更大的范围内,会大大促进我国社会主义新农村的建设,从而推动整个“三农”问题进入一个新阶段。

二、农民专业合作社发展中的政府职责

《农民专业合作社法》第九条规定,县级以上各级人民政府应当组织农业行政主管部门和其他有关部门以及有关组织,依照本法规定,依据各自职责,对农民专业合作社的建设和发展给予指导、扶持和服务。

(一)科学指导

农民专业合作社的建设和发展离不开政府部门科学有力的指导。国家对“三农”问题的政策与方针,对合作社的政策导向,各级政府部门比基层的农民了解的要深要透。因此,政府部门必须担当起引导农民专业合作社健康发展的责任。尤其是农业行政主管部门。合作社带头人要想在宏观政策层面上取得支持,首先要与政府主管部门取得联系,了解吃透国家对农民专业合作社的指导方针和当地的具体支社政策措施。使自己的合作社始终紧跟政策走向,把握发展趋势脉搏。

鼓励支持符合条件的农民专业合作社参与申报和实施有关支农资金和支农项目,充分发挥农民专业合作社在发展现代农业、建设社会主义新农村、构建农村和谐社会中的积极作用。

(二)全方位扶持与服务

1.《农民专业合作社法》的规定 《农民专业合作社法》第八条规定,国家通过财政支持、税收优惠和金融、科技、人才的扶持以及产业政策引导等措施,促进农民专业合作社的发展。国家鼓励和支持社会各方面力量为农民专业合作社提供服务。

2. 提供扶持与服务的机构 包括供销社、科学技术协会、教学科研机构、基层农业科技推广单位、农业企业等在内的各界社会力量,它们都有义务和责任为农民专业合作社提供政策、技术、信息、市场营销等方面的扶持和服务。合作社在我国的发展历史不长,其本身相比较公司、企业等其他营利性机构,具有较弱的生存能力和发展能力。因此,国家对政府扶持农民专业合作社的发展提出了全方位的要求,以确立其独立的市场经济主体地位。

3. 扶持与服务的内容

(1)合作社带头人要充分了解自己可以享受到的各项政策支持,包括财政、税收、金融和技术等方面的优惠措施。

(2)合作社要积极争取科技部门的支持,主动承担技术推广的中介和组织任务,建立科研开发、示范基地,聘请科技人员直接参与农村专业合作社工作,充分发挥科技部门在指导专业合作社普及科技知识、发展农业生产过程中的骨干作用。

4. 注意事项

一是政府部门切不可包办代替,把农民专业合作社搞成官办的组织。

二是当地政府领导不要在农民专业合作社中担任实职。

(三)监督、处理违反《农民专业合作社法》的行为

各级政府要依据《农民专业合作社法》,对违反合作社法基本原则与禁止性规定的行为进行监督和管理。对于干涉自愿、退社

自由原则，妨害成员地位平等和民主管理的行为要坚决予以制裁，切实保护社员的利益不受损害。

特别注意的是，各级政府不能借用职权在指导、扶持和服务的名义下，改变农民专业合作社“民办、民有、民管、民受益”的性质和特征，强迫或阻碍农民设立、加入和退出合作社，或者干预合作社内部事务。

三、扶持政策与措施

（一）大政方针明确扶持方向

2008 年 10 月 12 日十七届三中全会通过的《中共中央推进农村改革发展若干重大问题决定》，已经将扶持农民专业合作社纳入到新形势下加快社会主义新农村建设的任务之一。以下是其中的节选部分：“……统一经营要向发展农户联合与合作，形成多元化、多层次、多形式经营服务体系的方向转变，发展集体经济、增强集体组织服务功能，培育农民新型合作组织，发展各种农业社会化服务组织，鼓励龙头企业与农民建立紧密型利益联结机制，着力提高组织化程度。按照服务农民、进退自由、权利平等、管理民主的要求，扶持农民专业合作社加快发展，使之成为引领农民参与国内外市场竞争的现代农业经营组织。”

党的十七届三中全会做出的决策，明确提出了加快发展农民专业合作社的新要求，这就在战略方针上将农民专业合作社纳入到国家的扶持项目内。

（二）历年 1 号文件突出扶持重点

1. 2007 年中央 1 号文件扶持重点

(1)相关内容 “大力发展农民专业合作组织。认真贯彻农民专业合作社法，支持农民专业合作组织加快发展。各地要加快制定推动农民专业合作社发展的实施细则，有关部门要抓紧出台具体登记办法、财务会计制度和配套支持措施。要采取有利于农民专业合作组织发展的税收和金融政策，加大农民专业合作社建设示范项目资金规模，着力支持农民专业合作组织开展市场营销、信息服务、技术培训、农产品加工贮藏和农资采购经营。”

(2)解读　此文件是农民专业合作社法正式实施前的一个1号文件，它要求各有关部门和地方对合作社法制定实施细则，并且强调了支持的项目重点。

2. 2008年中央1号文件扶持重点

(1)相关内容　“积极发展农民专业合作社和农村服务组织。全面贯彻落实农民专业合作社法，抓紧出台配套法规政策，尽快制定税收优惠办法，清理取消不合理收费。各级财政要继续加大对农民专业合作社的扶持，农民专业合作社可以申请承担国家的有关涉农项目。”

(2)解读　2007年7月1日开始施行《农民专业合作社法》以来，2008年的中央1号文件就开始着手解决支持合作社法的相关配套法规政策，释放出积极的信息。

3. 2009年中央1号文件扶持重点

(1)相关内容　“扶持农民专业合作社和龙头企业发展。加快发展农民专业合作社，开展示范社建设行动。加强合作社人员培训，各级财政给予经费支持。将合作社纳入税务登记系统，免收税务登记工本费。尽快制定金融支持合作社、有条件的合作社承担国家涉农项目的具体办法。”

(2)解读　与2008年1号文件相比，内容更为具体和深入。提出了示范市建设和人员培训，这是合作社进入到实践阶段，全国需要成功典型以供借鉴需要的表现。另外，税务和金融支持的明确提出，也说明了国家对农民专业合作社发展的支持从纸面走向行动。

4. 2010 年中央 1 号文件扶持重点

(1)相关内容　“大力发展农民专业合作社，深入推进示范社建设行动，对服务能力强、民主管理好的合作社给予补助。各级政府扶持的贷款担保公司要把农民专业合作社纳入服务范围，支持有条件的合作社兴办农村资金互助社。扶持农民专业合作社自办农产品加工企业。”

(2)解读　2010 年对农民专业合作社的政策导向，进一步转为金融方面的创新。贷款担保公司的介入以及资金互助社的兴办，目的都是为了进一步解决合作社的资金筹集问题。而对合作社自办农产品加工企业的扶持，表明了中央对增强农民专业合作社把握市场主动权方面的努力。

5. 2011 年中央 1 号文件扶持重点

(1)相关内容

①税收优惠政策　对农民专业合作社销售本社成员生产的农业产品，视同农业生产者销售自产农业产品免征增值税；增值税一般纳税人从农民专业合作社购进的免税农产品，可按 13%的扣除率计算抵扣增值税进项税额；对农民专业合作社向本社成员销售的农膜、种子、种苗、化肥、农药、农机，免征增值税，对农民专业合作社与本社成员签订的农业产品和农业生产资料购销合同，免征印花税。

②金融支持政策　把农民专业合作社全部纳入农村信用评定范围；加大信贷支持力度，重点支持产业基础牢、经营规模大、品牌效应高、服务能力强、带动农户多、规范管理好、信用记录良的农民专业合作社；支持和鼓励农村合作金融机构创新金融产品，改进服务方式；鼓励有条件的农民专业合作社发展信用合作。

③财政扶持政策　农机购置补贴财政专项对农民专业合作社优先予以安排。

④涉农项目支持政策　只要适合农民专业合作社承担的涉农项目，都应将农民专业合作社纳入申报范围，明确申报条件。

⑤农产品流通政策　鼓励和引导合作社与城市大型连锁超市、高校食堂、农资生产企业等各类市场主体实现产(供)销衔接。

⑥人才支持政策　从2011年起组织实施现代农业人才支撑计划，每年培养1 500名合作社带头人。继续把农民专业合作社人才培训纳入"阳光工程"，重点培训合作社带头人、财会人员和基层合作社辅导员。鼓励引导农村青年、大学生村官参与、领创办合作社。

(2)解读　2011年中央1号文件有关农民专业合作社的扶持政策更宽泛，更具体，涉及税收、金融、财政、涉农项目申报、农产品流通以及人才培养等方面的支持政策，而且支持政策更具体。

6. 2012年中央1号文件扶持重点

(1)相关内容

①加大农业投入和补贴力度　按照增加总量、扩大范围、完善机制的要求，继续加大农业补贴强度，新增补贴向主产区、种养大户、农民专业合作社倾斜。

②提升农村金融服务水平　有序发展农村资金互助组织，引导农民专业合作社规范开展信用合作。继续发展农户小额信贷业务，加大对种养大户、农民专业合作社、县域小型微型企业的信贷投放力度。

③培育和支持新型农业社会化服务组织　通过政府订购、定向委托、招投标等方式，扶持农民专业合作社、供销合作社、专业技术协会、农民用水合作组织、涉农企业等社会力量广泛参与农业产前、产中、产后服务。充分发挥农民专业合作社组织农民进入市场、应用先进技术、发展现代农业的积极作用，加大支持力度，加强辅导服务，推进示范社建设行动，促进农民专业合作社规范运行。支持农民专业合作社兴办农产品加工企业或参股龙头企业。

④大力培训农村实用人才　加快培养村干部、农民专业合作社负责人、到村任职大学生等农村发展带头人。

⑤加快农业机械化　加大信贷支持力度，鼓励种养大户、农机大户、农机合作社购置大中型农机具。

⑥加强农产品流通设施建设　扶持产地农产品收集、加工、包装、贮存等配套设施建设，重点对农民专业合作社建设初加工和贮藏设施予以补助。

⑦创新农产品流通方式　支持生产基地、农民专业合作社在城市社区增加直供直销网点，形成稳定的农产品供求关系。扶持供销合作社、农民专业合作社等发展联通城乡市场的双向流通网络。

(2)解读　2012 年中央 1 号文件有关农民专业合作社的扶持政策在 2011 年的基础上，增加了流通方式和流通设施建设的支持，以及社会化服务组织建设方面的支持。

(三)具体的扶持政策

国家在《农民专业合作社法》中，除了在总则第八条中规定了对农民专业合作社的支持政策，在第七章中专门用一章细化了相关的支社政策，包括项目、财政、金融和税收等方面的扶持措施。

1. 产业政策倾斜

(1)法律依据　《农民专业合作社法》第四十九条规定，国家支持发展农业和农村经济的建设项目，可以委托和安排有条件的有关农民专业合作社实施。

(2)政策内容　2010 年，农业部等七部委决定：①对适合农民专业合作社承担的涉农项目，将农民专业合作社纳入申报范围，2011 年、2012 年继续落实；②尚未明确将农民专业合作社纳入申报范围的，应尽快纳入并明确申报条件；③今后新增的涉农项目，只要适合农民专业合作社承担的，都应将农民专业合作社纳入申报范围,明确申报条件。

(3)政策解读　国家鼓励和支持农民专业合作社的发展,其最终目的是为解决“三农”问题找到一种组织化发展道路,突破农村经济的发展瓶颈,实现农民的小康富裕。国家的支农惠农的建设项目,与此目的殊途同归。在这些项目的招标投标竞争中,农民专业合作社作为相对弱势的经济组织,如果在条件可能的允许下,得到政府部门的优先支持,势必会为其发展注入一股新的动力。

目前,农业部蔬菜园艺作物标准园创建、畜禽规模化养殖场(小区)创建、水产健康养殖示范场创建、新一轮菜篮子工程、粮食高产创建、标准化示范项目、国家农业综合开发项目等相关涉农项目,均已开始委托有条件的有关农民专业合作社承担。

(4)获得支持的条件　农民专业合作社承担相关涉农项目应具备的条件包括:①经工商行政管理部门依法登记并取得农民专业合作社法人营业执照;②有符合法律、法规规定的组织机构、章程和财务管理等制度;③经营状况和信用记录良好;④符合有关涉农项目管理办法(指南)规定的各项条件。

(5)如何获得支持　符合条件的农民专业合作社可以按照政府有关部门项目指南的要求,向项目主管部门提出承担项目申请,经项目主管部门批准后实施。

【范　例】

某市国家大型商品粮生产基地建设项目成功案例

1. 项目名称　××市国家大型商品粮生产基地建设项目

2. 项目建设地点　××市十八个乡镇

3. 项目建设内容　以发展灌溉面积 36 万亩,普及节水灌溉为主的中小型水利基础设施建设;改善项目区排涝条件;建设以提高统一供种水平为目的的区域性良种繁育基地 2 万亩;实施土地平整，增施有机肥料，进行中低产田改造。

4. 布点方案 本着“集中连片、规模治理”的原则，根据我市实际，因地制宜，项目选择各具特色的4大片，即：河灌片、井灌片、有机农业片、种子基地片。

5. 项目总投资 项目建设静态总投资12 000万元。其中，良种繁育设施800万元，农田水利工程8 000万元，农业技术推广投资700万元，其他为预备费等。

6. 资金来源 项目建设静态总投资12 000万元。其中，中央预算内投资8 000万元，占总投资的66.66%；省配套资金2 000万元，占总投资的16.67%；项目区市、县两级配套资金2 000万元，占总投资的16.67%。

7. 项目效益 项目实施后，项目区粮食产量由基期的1.8818亿公斤提高到年2.506亿公斤，净增0.6242亿公斤，而且可解决全市800万亩小麦良种统一供应问题。根据有关项目计算法，项目区年粮食、粮种共增收5764.65万元，项目净现值为1.5亿元，财务内部收益率为35.92%，投资回收期6.5年。

（资料来源：中国农民合作社信息网，2010-08-13）

2. 财政支持

(1)法律依据 《农民专业合作社法》第五十条规定，中央和地方财政应当分别安排资金，支持农民专业合作社开展信息、培训、农产品质量标准与认证、农业生产基础设施建设、市场营销和技术推广等服务。对少数民族地区、边远地区和贫困地区的农民专业合作社和生产国家与社会急需的重要农产品的农民专业合作社给予优先扶持。

(2)政策内容 2003年以来，中央财政累计安排专项资金超过18亿元，扶持了1 188个示范社，主要用于扶持农民专业合作社增强服务功能和自我发展能力。农机购置补贴财政专项对农民专业合作社优先予以安排。

(3)政策解读　财政支持明确了财政资金扶持农民专业合作社发展的项目用途，以及规定了优先扶持的对象。这些扶持政策对农民专业合作社的初期建立运行至关重要，合作社有限的资金积累能力，只有得到政府方面强有力的财政支持，才能帮助其度过成长期。

(4)如何获得支持　符合条件的农民专业合作社，可以按照政府有关部门财政资金申报通知的要求，向相关主管部门提出专项资金项目申请书，经批准后实施。

【范　例】

老河口财政支持春雨苗木果品专业合作社发展

近年来老河口市财政局，坚持以科学发展观为指导，将扶持农民专业合作社作为扶持农业和农民的重要手段，围绕国家和省支持农业、农村经济发展的建设项目，优先安排有条件的农民专业合作社实施。老河口是果业生产大市，同时也是一个传统的苗木生产大市，市财政局先后投入财政资金260多万元，重点扶持老河口春雨苗木果品专业合作社。实施了有利于春雨合作社组织巩固、发展、提高的设施性项目，推动了春雨合作社的规模发展，促进了农民专业合作社发展建设。

一是帮助春雨合作社完善基础设施，修建整治道路2千米、渠道1千米，建设滴灌设施100余亩，安装全自动太阳能频振杀虫灯50盏，进行病虫害综合防治建设，有效地解决虫害问题，为提高服务能力打下牢固的物质基础。

二是开展面向春雨合作社成员的各类政策理论、科技文化知识和新技术引进推广的培训，培训人次达到800人次，提高了合作社成员的综合素质和技能；支持网站建设，全方位地为合作组织提供信息服务。

三是帮助合作社制定和完善财务管理、经营决策、人员管理等内部规章制度，实现民主管理、民主决策，降低合作社经营风险。建立健全了利益联结机制、盈余分配机制、运作监督机制、积累发展机制等，规范合作社发展，逐步增强合作社自我发展能力。

截至 2010 年年底，春雨苗木果品专业合作社已拥有成员 562 名，苗木、果品生产基地 3 596 亩，建有集果品贮藏保鲜库、检测、生产、培训、办公、产品展示为一体的综合大楼两栋。

（资料来源：湖北省老河口市财政局网站，2010-12-23）

3. 金融支持

（1）法律依据 《农民专业合作社法》第五十一条规定，国家政策性金融机构应当采取多种形式，为农民专业合作社提供多渠道的资金支持。具体支持政策由国务院规定。国家鼓励商业性金融机构采取多种形式，为农民专业合作社提供金融服务。

（2）政策内容 2009 年，中国银监会、农业部出台了《做好农民专业合作社金融服务工作的意见》，规定：①把农民专业合作社全部纳入农村信用评定范围，建立农业贷款绿色通道，提供信贷优惠和服务便利，对信用等级较高的农民专业合作社，在同等条件下实行贷款优先、利率优惠、额度放宽、手续简化；②将农户信用贷款和联保贷款引入农民专业合作社，积极满足合作社小额贷款需求；③对资金需求量大的合作社，运用政府风险金担保、农业龙头企业担保等方式给予支持；④对于因自然灾害导致贷款拖欠的农民专业合作社，按照商业原则适当延长贷款期限，并根据需要适当追加贷款投入，帮助合作社恢复生产。

2009 年以来，继续加强金融支持，并注重落实。

（3）政策解读 财政支持的有限性，势必催生金融支持的产生。鉴于金融机构的盈利性特征，农民专业合作社的主要支持来源于国家的政策性金融机构。合作社带头人要积极争取各种金融机构的信贷支持，为合作社的长期可持续发展奠定资金基础。

(4)如何获得支持　符合条件的合作社可以积极申请金融部门的相关政策性贷款支持，提交必要的申请材料。

【范　例】

武城信用社为专业合作社提供信贷支持

武城县李家户乡辛庄村的六合肉鸭养殖专业合作社，现有鸭棚27个，年销售收入1 800多万元。合作社常年与六合集团合作，有良好的销售渠道，但是2011年第1季度鸭苗和饲料行情处于上涨趋势，资金短缺成为社员的“心头病”。李家户信用社经过充分调研，为合作社提供了130万元的信贷资金。

近年来，武城县农村信用合作联社加大了对农民专业合作社的信贷支持力度，截至2011年2月底，武城联社累计为6个农民专业合作社、58户社员授信942万元，实际用信金额907万元，带动233户农民增收致富。

(资料来源：大众日报，2011-03-16)

4. 税收优惠

(1)法律依据　《农民专业合作社法》第五十二条规定，农民专业合作社享受国家规定的对农业生产、加工、流通、服务和其他涉农经济活动相应的税收优惠。支持农民专业合作社发展的其他税收优惠政策，由国务院规定。

(2)政策内容　2008年财政部和国家税务总局下发了关于农民专业合作社有关税收政策的通知，明确了税收优惠的具体内容：①对农民专业合作社销售本社成员生产的农业产品，视同农业生产者销售自产农业产品，免征增值税；②增值税一般纳税人从农民专业合作社购进的免税农业产品，可按13%的扣除率计算抵扣增值税进项税额；③对农民专业合作社向本社成员销售的农膜、种子、种苗、化肥、农药、农机，免征增值税；④对农民专业合作社与本社成员签订的农业产品和农业生产资料购销合同，免征印花税；⑤合作社对农民提供技术服务和劳务所得暂免征企业所得税；⑥本通知所称农民专业合作社，是指依照《农民专业合作社法》规定设立和登记的农民专业合作社。

（3）政策解读　多种多样的税收优惠，为农民专业合作社的发展减轻了税收方面的负担，加强了合作社与其他经济组织竞争的能力。合作社领导人在处理日常经济事务中，要具备一定的财会知识，充分了解税法的详细规定，通过选择优质项目和有效管理，达到充分合理避税的目的。

（4）如何获得支持　合作社在经营过程中，可以在充分了解税收优惠政策的基础上，保存相关交易证据，在税务部门的配合下享受国家的税收优惠。

【范　例】

农民专业合作社税收优惠政策让农民得实惠

山东省济南市平阴县绿丰蔬菜专业合作社于2007年12月份成立。当时，《农民专业合作社法》规定合作社享受部分税收优惠政策，但由于没有具体规定，实际运作过程中他们还是遇到了不少困难。当收购方要支票时，他们根本不敢开，开发票就要缴税，一缴税就没有什么利润，所以很多时候他们只能变通渠道，以农民的名义进行交易，在一定程度上也阻碍了合作社发展壮大。

财政部、国家税务总局联合下发的《关于农民专业合作社有关税收政策的通知》，做出了“从7月1日起，对农民专业合作社销售本社成员生产的农业产品，视同农业生产者销售自产农业产品免征增值税"等规定，有了这些优惠政策，该合作社就可以名正言顺地给收购方开发票，因为收购企业可以抵扣13%的增值税，合作社就能适当提高价格，土豆按1.6元/公斤销售，1亩地产3 000公斤，1亩地的土豆可以多卖624元（1.6×3 000×13%=624）。

由于优惠政策的实施，绿丰合作社也在不断壮大，由成立之初的22户，200多亩种植面积，发展到200多户，1 200多亩种植面积，带动了周围十几个村的蔬菜种植。平阴的蔬菜通过网络销售进入大城市的超市，绿丰合作社也因此被济南市农业产业化经营工作领导小组评为"农民专业合作社的示范社"。

（资料来源：人民网，2009-09-23）

5. 其他政策

（1）*农产品流通政策*　鼓励和引导合作社与城市大型连锁超市、高校食堂、农资生产企业等各类市场主体实现产（供）销衔接。

（2）*人才支持政策*　从2011年起组织实施现代农业人才支撑计划，每年培养1 500名合作社带头人。继续把农民专业合作社人才培训纳入"阳光工程"，重点培训合作社带头人、财会人员和基层合作社辅导员。鼓励引导农村青年、大学生村官参与、领创办合作社。

附　录

附录一　我国农民专业合作社典型案例分析

【案例一】

龙头企业带动型
——合作社“联盟”龙头企业谋共赢

原本“各管一摊”的农民专业合作社和龙头企业联合，形成产业的“上下游”关系，既实现了农民增收，也促进了企业增效。2011年8月，滨海新区的合作社和龙头企业开始探索以组建联盟的方式，实现优势互补共赢发展。

各取所需打造循环产业链

世纪田园农机合作社将大港中塘镇的5家分别从事种植、农机、养殖的合作社和龙头企业于2010年年底“各取所需”达成合作关系。

种植面积达8 000亩、以种植玉米和棉花为主业的金沃野种植专业合作社，在世纪田园农机合作社先进农机具的配合下，实现连片规模经营，并实现机械化的播、种、收。农作物收获后，大约6 000亩的玉米秸秆销售给神驰牧业发展有限公司，神驰牧业发展有限公司奶牛养殖所产生的粪肥又提供给金沃野种植专业合作社。这样便形成一个“种植—农机—养殖—种植”的小产业循环。同时，还有1 000亩的玉米要晒干成粒提供给两家蛋鸡的养殖专业合作社，蛋鸡养殖所产生的粪肥则成为优质的有机肥料销售给蔬菜或花卉等经济作物的种植单位。

优势互补做大各自主业

神驰牧业发展有限公司之前就有在内部打造种植和养殖产业循环互补的想法，并一直经营着6 000亩的玉米地，现在跟种植和农机的专业合作社建立了联系，就可以把企业的玉米种植“外包”出去。把副业代理出去，企业便有更多的精力用于主业的发展，扩大养殖的规模。所以，不到一年时间，该企业的奶牛存栏头数多出了400多头。

就近合作对接需求谋共赢

天津四季新畜牧养殖专业合作社以前从沧州和静海一带收玉米，每年大约要收进500吨，因为距离较远，每斤[①]收购价在0.9元左右。合作社联盟之后，就近从金沃野种植合作社直接订单收进，每斤可以便宜0.05元，全年就可省去5万元，而且和身边的合作社合作，质量也就有了保障。天津四季新畜牧养殖专业合作社养殖蛋鸡的粪肥主要销往静海的花卉养殖基地和河北青县的蔬菜种植基地，从收到销，合作社省去饲料成本的同时利润也有所增加。

据了解，滨海新区2011年共有登记注册农民专业合作社150个，涉及畜牧、蔬果、水产和农机四大类，拥有合作社成员6 259户，辐射带动农户2万余户。除了这种以服务为主、从种植到养殖形成循环互补关系的联合方式，大港和汉沽的合作社目前还形成了以经营为主，围绕冬枣、葡萄、水产养殖等特色农产品和优势产业的关联性联合方式。2011年，新区将优先鼓励具有产业关联性

① 1斤＝500克。

或互补性的农业合作社,组建服务型或经营型合作联合社,以进一步提高带动农民致富的水平。

(资料来源:滨海时报,2011-08-01)

案例启示:

滨海新区的合作社发展模式,具有以下特点:

一是,以龙头企业为依托,联合带动相关合作社加入产业链,形成投入产出互动。

二是,把发展循环经济作为构建产业链的指导思想,使各个经济单位的投入产出形成循环链条,既节约成本,又可以保护环境,实现变废为宝。

三是,与当地的合作社形成合作联盟关系,大大节省了采购成本,而且对质量的把控能力也有所增强。

【案例二】

能人带动型
——留客种植农民专业合作社

能人带动发起合作社

留客种植农民专业合作社,是一位回乡企业家催生的。范拉祥担任村党支部书记后,面临"穷村烂摊子",他头脑清醒冷静,认准了只有把村民组织起来,积极性调动起来,走合作化、专业化、规模化、科学化的发展道路,才是百姓脱贫致富之路。打破单一的传统农业生产模式,发展蔬菜产业。

2010 年 3 月 18 日,留客种植农民专业合作社成立。留客蔬菜专业合作社的发起人和带头人、村党支部书记范拉祥,原本是内蒙古一矿山老板,身价过亿。2010 年初受桥西区和李村镇党组织的重托，应养育他的故土留客村广大党员、村民的请求，回村担任党支部书记，他向合作组织注资100万元，成立了留客种植农民专业合作社。建立合作社的初衷，用范拉祥的话说就是：回报社会，造福乡亲，实现共同富裕。合作社建立初期，由村“双委”班子参与，集体主导运作，用企业化管理方式创造规模化产业。

解决资金和技术问题发展合作社

土地流转和资金筹集，是发展规模化产业首先遇到的两大难事。范拉祥率先垫资几十万元为合作社的运转搭架子、铺底子，着手定方案、做规划。

科学技术是第一生产力，搞蔬菜产业，没有科学技术支撑，要成功并非易事。他们多次往返于河北省农业科学院和河北农业大学蔬菜研究所，邀请专家来现场考察。经过反复考察论证，在河北农业大学等科研机构和专家的帮助指导下，制定了总体发展规划，确定以高起点、高标准、快节奏发展蔬菜产业。从规划布局到温室建筑，从科学生产到市场营销，从新技术应用到组织管理，各个环节论证周到，规划具体，具有实际操作性。留客合作社与河北省农业科学院“结缘联姻”，建立了长期合作关系，并聘请山东寿光的工程技术人员作指导，参照寿光经验，建设日光温室。

建设“寿光五代日光温室”投资大，村民由于家底薄，建棚资金短缺，又心存顾虑。范拉祥用自己的家产为蔬菜合作社社员做贷款担保，每个大棚担保贷款4万元。为了节约利用土地，合作社采取了“三统一”：统一规划、统一设计、统一施工。范拉祥从内蒙古调来自家矿山挖掘机，义务挖土筑墙为温室建设服务。他向合作社成员承诺：“合作社把种菜技术请到村，上门服务不收费，为蔬菜大棚入保险，如果遭灾赔了本，除保险公司赔偿外，我个人再为每个大棚补偿2万元。”范拉祥自己带头建了5个大棚，在他的感召和鼓舞下，近百户农民交款建棚。

政府推动促进发展

留客种植农民专业合作社高起点、高效率、高标准发展规模化农村产业的行动，得到了各级领导的认可。市、区领导请来了以色列农业推广专家、国际设施农业协会主席伊扎克·艾斯考诺等专家到基地考察、观摩，并与合作社在蔬菜管理、病害检测、生物实验、育种、育苗等多项技术方面达成合作共识。

成效显著

留客种植农民专业合作社，尽管起步较晚，但起点高、发展快，已经开始显现它的强大生命力和富农效应。日光温室的第一茬蔬菜就实现产值300余万元，平均每个大棚收入3.5万余元，预计今年1亩大棚菜收入将会达到六、七万元，种菜比种粮增收5万元。

2011年5月，合作社又带领社员及村民到山东去“开眼界”。让更多的农户加入到合作社中来，合作社成为百姓脱贫致富的顶梁柱，成为村集体积累财富的桥梁。

抓规范、重规划、谋发展

2011年，合作社重点运作3项工作：

一是在加大宣传动员力度的基础上，麦收后由合作社作为租赁方再吸纳流转土地1 000亩，为秋季再建300座日光温室大棚和拱棚做地源准备。

二是组织专门人员考察、设计投资350万元、占地50亩的蔬菜检测、生物实验、培种育苗、蔬菜贮藏、包装、交易等设施集于一体的综合经营场所，计划2012年开春投入运营。项目建成启用后，会大大提升留客蔬菜生产的科技含量和优质高产种苗的自给率。

三是依照《农民专业合作社法》有关法律、法规，按照“民办、民管、民受益”的办社原则，以服务成员、谋求全体成员的共同利益为宗旨，规范合作社的运转方式，扩大社员参与合作社管理的权利。把合作社成员部分投资转为股金，合作社的主要管理人员实行民主选举，真正做到“自主经营，民主管理，盈余返还”。

（资料来源：中国日报，2011-07-07）

案例启示：

留客种植农民专业合作社的成立，与企业家范拉祥的贡献密不可分。从成立到运营再到盈利，每一步的成功，都离不开范拉祥个人的巨大努力。他凭借自己在内蒙古经营煤矿的收入，在回报社会、造福乡亲的主观愿望指引下，使得合作社的发展一步步壮大起来。他不仅出资金，而且出技术，出设备，引人才，搞管理，上保险，把利益充分保障给农民，把风险全部转嫁到自己身上。因此，留客种植农民专业合作社的成功，是能人带动的典型范例。

【案例三】

政府扶持型

——黑龙江省甘南县金星农机作业合作社

合作社简介

黑龙江省甘南县巨宝镇金星村是甘南县巨宝镇的一个大型村，位于齐齐哈尔市巨宝镇西部 1.5 千米处。全村耕地面积辽阔，共有 26 888 亩，地势平坦，土地肥沃，是标准的北方式的村落，适宜机械化作业。村内有 4 个自然屯 491 户，982 个劳动力，2 054 口人，是全县比较富裕的村。该村于 2006 年冬天组建了农机作业合作社，到 2010 年，已建立合作社近 5 年，取得了很好的效益，合作社的发展稳步前进，这个合作社能够很好地代表北方合作社的发展趋势，同时也显现出其目前所面临的问题。现在，该村机械作业面积达 95%以上，实现了机械化，并提高了周边地区村落和农场的机械化耕作比例。农民也看到了农业机械化所带来的好处，不仅可以分得红利，而且降低了成本，提高了耕种的效率，同时为调整农村生产结构，加大规模化耕作比例、增加农民收入开辟了一条行之有效的途径。

政府支持，合作社成立，社员满意

金星农机专业合作社的成立与发展，每一步都离不开政府和相关部门的帮助和扶持。在合作社建立的 2006 年年初，国家就以设备的形式拨付给合作社 100 万元资产。同时，村民也以入股的形式自筹 50 万元，每股 150 元，建立了最初的金星农机合作社。在合作社建立之初，村民对合作社的了解很少，入股并不积极，只有一部分人入股。第一年分红后，由于看到了合作社所带来的实实在在的好处，大量村民纷纷表示愿意二次入股，但对非本村的村民的二次入股要求则不予考虑。

合作社在政府的积极倡导下建立、成长，虽然遇到了不少问题，但是还是被合作社很好地解决了。起初，农民并不是完全信任合作社，对于由政府一手扶持起来的农机合作社，村民们也是各持己见，有人赞同，有人反对，也有人担心。社员在入股初期都不敢过多地投入资金，怕是个政绩工程，钱会打水漂，而且人们与这种大型农机具接触不多，并不了解其优势和利益。因此，社长对一些农户进行了积极的走访，并进行了一些劝说工作，使得部分农户打消了这种不安的念头，积极地入股，并且带动了其他村民的入股。事实证明，农机作业合作社在北方是大有作为的，也能够给社员带来经济利益，其成立以来的发展也得到了社员的普遍认可。用社长的话说就是："农机作业合作社在东北来说还是比较新颖的事物，跟以前的生产大队完全不一样，咱村的合作社的发展也还是比较顺利的。"

合作社的部门设置齐全，理事会、监事会、社员代表大会等一应俱全。金星农机合作社一步步走来，也预示着更美好的明天。

合作社社长对合作社的长远发展忧虑重重

显然，合作社建立以来给社员带来了切实的经济利益，得到了社员的普遍认可，但是黄社长对合作社的长远发展忧虑重重。

忧虑之一：合作社的积累资金不够。合作社每年除了提少量折旧费、日常管理费、油费、维修费，利润基本上都分红了。合作社建立之初总资产 150 万元，发展到 2010 年的总资产大概也就 170 万元，想再添置几台大型机械，但资金紧张。

忧虑之二：人才匮乏。合作社成员的文化程度普遍偏低，尤其缺少可以联系业务的人才，人才问题将是合作社不断向前发展的重要"瓶颈"之一。所以如何解决合作社的人才问题是当务之急，只有解决了人才的问题，才能从根本上解决合作社的生存和发展问题。

忧虑之三：缺少专职管理人员。用黄社长的话说，农村基层合作社的管理的确是一大难题，没有合适的人选，工资水平低，合作社地处比较偏僻的地区，又难以吸引到人才。如果政府可以给予帮助，从一些高等院校引入人才，并给予适当的政策优惠，将大大改善这一状况。

（资料来源：《中国农民专业合作社调查》，2010-05-21）

案例启示：

不同地区的合作社，不同领域的合作社，成功需要的条件是不同的。金星农机专业合作社是在东北的黑土地上发展起来的，并且取得了一定的成功。

(1)成功经验

第一，适应东北地区大规模机械化耕作的需要。东北的农耕条件良好，土地经营规模较大，这使得大型机械比小型机械拥有更大的优势，可以极大地节约成本。

第二，有一个有能力且懂行的带头人。金星合作社的黄社长就是这么一个人，一方面他必须积极寻求政府的政策支持，另一方面还得发动劝说本村村民积极入股，还得负责整个合作社的运作，没有这样一个人是绝不可能成功的。

第三，要有政府的支持。很明显金星农机专业合作社的股本里，政府补贴就占到2/3，政府的支持在合作社的成功里占有不可替代的作用。

(2)深层问题启示

第一，合作社的继续发展面临着许多瓶颈：一是人才瓶颈，业务人才缺乏直接导致合作社的运营能力降低，必然使合作社收入减少；管理方面的后继无人更使得合作社的整体活动能力受到限制，这将是合作社发展的极大障碍。二是合作社的资本积累能力有限，仅有的一些利润也给股民发了红利，这将使合作社未来的自我生存能力受到挑战，如何实现以社养社将是合作社带头人需要思考的问题。

第二，合作社的发展需要政府采取更多的人才扶持政策，支持其增强自我发展能力，更需要合作社的领导人不断更新经营理念，为合作社的发展创造更多的利润源。

【案例四】

集体经济组织带动型
——沛县张庄镇潘庄土地股份合作社

2006年9月成立的沛县张庄镇潘庄土地股份合作社，是江苏省第一家土地股份制合作社，成为实践集体经济组织带动型的典型代表。该合作社由群众和政府结合组建。

潘庄村位于沛县城南 20 千米处，徐沛公路东侧，是一个传统农业村，下辖潘庄、王庄、丁楼 3 个自然村，有农户 480 户，人口 1 968人，党员 39 名，耕地面积 2 132 亩。该村土地股份合作制的建立是合力的作用。

群众意愿

2002 年，潘庄村进城务工经商的青壮年劳动力达到三四百人，约占村民总数的 20%、劳动力总数的 40%。这时，部分农户责任田无暇耕种，个别农户开始撂荒。不少农户也只是在播种和收获时从城里匆匆赶回，收种结束时又匆匆返城。这样一来，地也种不好，又耽误了务工经商的时间。2002 年秋，潘庄村经营能手、党员周启亮包租了外出务工村民的土地 76 亩，租金 300 元/亩，用来种植蔬菜，经过一年多的经营，亩均效益 1 100 余元。在出租方、承租方取得双赢的情况下，外出者和留守的弱势群体越来越愿意出租耕地，周启亮的土地经营规模也逐步扩大。2005 年初，已担任村支书的周启亮，自己经营土地已达 150 多亩，与徐州帝苑食品有限公司联络洽谈后，动员愿意种菜的农户，签订了包括其他农户在内的 320 亩有机蔬菜种植合同，当年亩均收益 3000 余元，是种植粮食收益的好几倍。截至 2010 年 6 月，有机蔬菜种植户发展到 1 500 多户，入股土地面积共计 5 500 多亩。

政府推动

有了上述基础，沛县县镇两级党委政府适时因势利导，沛县农工办、农林、金融、水利等部门在政策上引导、资金上扶持、技术上支持。在政府的推动和群众的意愿等合力作用下，村支书周启亮决定成立潘庄村土地股份合作社。基本思路是，不愿种地的村民可用土地入股的方式加入合作社，年终保底分红；愿意种地的，入股后，可以种自家的土地，也可以包种合作社的其他土地；不管种与不种，土地都会为村民带来财富。2006 年 9 月 27 日，张庄镇潘庄土地股份合作社正式挂牌成立，这是徐州市第一家正式挂牌成立的土地股份合作社，也是江苏省第一家真正意义上的土地股份制合作社。合作社通过了《张庄镇潘庄土地股份合作社章程》，选举产生了成员大会代表和董事会、监事会，村党支部书记周启亮被选举为董事长。按照《章程》和《土地入股协议》规定，合作社成员“风险共担、利益均沾、保底分红”，土地股 1 亩为 1 股，资金股 5 000 元为 1 股，保底金设定 600 元，年底分红。当时入股土地 380 亩，入股资金 20 万元，入社成员 124 户。

村支部的作用

潘庄土地股份合作社成立以来，农村基层党组织在其中发挥了强有力的战斗堡垒作用。董事长周启亮是一名有二十多年党龄的村支部书记，他在带领合作社领导层人员积极发展经济的同时，先后发展了 6 名董事和 3 名监事成为入党积极分子或入党。该合作社之所以能够健康成长，除了党的富民政策和周启亮本身具有善于经营的素质以外，合作社内党员的一颗颗“公心”起了极其重要的作用。正是这一颗颗“公心”取得了广大农户的信任，农户愿意把自己的土地“命根子”交给合作社去经营；正是这一颗颗“公心”，赢得了村里老少爷们的认可，以至于不论男女老少，凡是在合作社打工的农户，干活都很认真、卖力，都纷纷说：“办合作社不容易，合作社给咱老百姓造福了，咱们也要对得起合作社，干活要卖力啊！”

统一与分散相结合的运作形式

统一指导，多样经营。随着合作社规模的不断扩大和效益的不断提高，土地的经营形式也实现了多样化。主要有以下几种：

一是合作社直接经营。至2010年6月,合作社直接经营的土地为2 640亩,约占入社总面积的48%。具体为:小麦和水稻良种培育1 240亩;大棚蔬菜800亩,露地蔬菜400亩,主要种植五彩辣椒、西芹、番茄、架梅等有机蔬菜;大棚食用菌——秀珍菇200亩。生产经营管理上实行统一供种供肥、统一田间管理、统一技术指导、统一订单销售、统一结算分红。起初劳动者主要为附近的村民,近一两年来,由于大棚蔬菜管理和秀珍菇的采摘用工量比较多,合作社吸引了方圆二三十里的村民前来打工,打工者年龄多在35岁以上。其中也不乏60岁以上的,因为他们能做些诸如拔草、间苗、看护浇水、棚内放风、包装净菜之类的轻活儿,既锻炼了身体,又能挣些零花钱。

二是定产定量、盈余分成。大棚、肥料、农药、种子等生产资料由合作社提供,技术指导由合作社负责,定产定量到棚,管理一个大棚的基本工资为600元/月。收获时交由合作社销售,超额部分的80%归劳动者,20%归合作社。采用此种经营方式的面积为550亩,占合作社土地总面积的10%。"定产定量,盈余分成"经营办法适合缺少资金而又愿意求稳的农户,也调动了这些农户的生产经营积极性,提高了土地的产出效益。

三是社统建统调、户分包。在合作社刚成立的一两年内,农户到合作社打工,获得工资性收入。一段时间后,农户从合作社学到了先进的种植技术和大棚管理经验,一些村民不再满足于入股、打工的收入,想要自己干、赚大钱。于是社里增加了另一种生产经营方式,即"社统建统调、户分包"的方式。合作社统一建成蔬菜大棚并配套好基础设施后,由成员承包或社外群众租赁经营,合作社对每个承包、租赁大棚的农户每年收取1 000元左右的承包金、租金,其余收益都归承包、租赁者所有。至2009年底,采用"社统建统调、户分包"办法经营的共有260户,总面积2 310亩,占合作社土地面积的42%,平均每户8.9亩,每户约合9个大棚。采用这种办法的既有大户也有小户，既有本村农户，也有来自周边镇村以至外县的农户。例如，来自铜山县郑集镇马坡村的秦姓农户，一次就租赁经营了潘庄合作社 10 个蔬菜大棚。

以上 3 种主要的经营形式，既有统一，也有分散；统一中有分散，分散中有统一。不论哪种经营形式，合作社都在发挥着服务于农户经营活动的功能：统一规划出沟、渠、路、井、桥、涵、闸；统一规整土地，配套好基础设施，搭建设施大棚；统一提供优质种子和有机肥；及时广播生产技术要领；及时提供市场信息和组织对外销售等。所以土地股份合作，实现了合作社对土地经营"统"的功能，是对"以家庭承包经营为基础、统分结合的双层经营体制"这一农村土地基本经营制度的进一步完善。

因地制宜，绩效良好。合作社在 5 500 亩土地上，因地制宜地生产和管理，取得了良好的绩效：

地尽其利：有旱田、有水田，有沙壤土、有淤土、有半沙半淤土，适合什么种什么，比如在一块二三百亩的盐碱地上，搭建设施菌棚，在竹木架子上摆满菌包，种植秀珍菇，生长就不受盐碱地的影响。由合作社统一规划调配，地尽其利，确保了不同层次土地的合理配置。

人尽其力：有力气的去打工，力气小的老年人发挥余热、干轻活，缺少资金的进行"定产定量、盈余分成"，想自己干的加入"社统建统调、户分包"。让人尽其力，发挥了不同层次劳动力的积极性。

物保其质：统一供种供肥、统一田间管理、统一技术指导，保证了产品的质量，赢得了良好的市场信誉。近几年，到潘庄合作社收购农产品的有很多是天南海北的老客户，他们对合作社的农产品始终很放心。

社保其进：因为合作社是农民的合作社，所以合作社始终坚持为农户的经营活动服务，促进了合作社所辖 5 500 亩农田的整体发展。

（资料来源：《中国农民合作社》，2010-11-26）

案例启示：

第一，该合作社的成立是对农村土地流转制度的一种探索。

第二，群众意愿、政府的支持和村党支部战斗堡垒作用缺一不可。

第三，合作社的成立顺应了新时期新阶段农村土地经营的现状。一方面是大量农民进城务工导致的土地撂荒，另一方面是农业规模化经营面临的缺地少地困境。

第四，潘庄土地股份合作社实现了许多农村土地经营上的创新，比如统一经营和分包经营相结合，地尽其利，人尽其能，充分调动发挥各种资源的优势，农户取得工资收入和分红收入相结合等，都是在探索适应现在农业发展新途径的有益尝试，值得借鉴。

【案例五】

事业单位带动型
——荆州市富民农机专业合作社

荆州市富民农机专业合作社的前身是荆州市富民机插秧专业合作社，是由荆州市农机化研究所和荆州市率先购买了插秧机的农民发起组建的荆州市第一家农机合作组织。合作社成立于2007年8月，当时共有社员23名，插秧机25台（套），资产不到100万元，主要以机插秧为主。经过四年多来的运作，截至2011年年底，合作社社员已发展到167名，拥有插秧机、收割机、拖拉机等农业机械182台（套），机库及房屋2 200多米^2，农机配件30多万元，电脑、电视等办公和培训设备多台（套），资产总值超过了1 100万元。合作社社员中，除荆州市农机化研究所为团体社员外，其他全部为农民社员。社员分布在荆州、宜昌2市的6县21个乡镇，带动了周边1万多户农民使用机插秧、收割机等农业机械。2010 年仅荆州市的合作社社员就机插水稻近 4 万亩，占了全市机插秧面积的 10%以上；跨区机收水稻 3.8 万亩，在全市农机化技术应用和技术服务中发挥了骨干带头作用。2010 年全社实现经营收入 1015 万元，盈利 540 万元，社员人均收入 3.2 万元，比非社员增 1 倍以上。

探索合作经营

插秧是水稻生产全过程中劳动强度最大、效率最低和最苦最累的环节，农民迫切需要用机械作业代替人工手插。从 2000 年开始，荆州市开始推广水稻机插秧技术，但水稻机插秧是一项包括软盘育秧、插秧机操作、大田管理的综合性技术，短时间内掌握全套技术的难度较大。近几年来，一方面是政府部门在大投入地推广机插秧技术，另一方面是购买了插秧机的农民因技术缺乏而导致效益低下。机插秧技术应用处在一种矛盾和困惑中。荆州市富民农机专业合作社正是在这种背景下应运而生的。同时根据农机服务的发展趋势，合作社的经营范围从过去仅限于机插向机耕、机播、机防、机收的全方位服务拓展。

第一，因势利导，典型引路打基础。近几年来，随着荆州市“打工”经济的发展，农村劳动力短缺的现象日益严重，水稻栽植时节，插秧雇工费用大幅度上涨。2005 年雇人插秧每亩的工钱在 45 元左右，而 2007 年每亩的工钱上涨到 70～75 元，有时甚至花钱也雇不到人插秧。2005 年荆州市农机化研究所动员和组织沙市区岑河镇和荆州区马山镇的 8 个种田大户率先购买了 8 台手扶式插秧机开展机插秧的试验性作业，当年栽插水稻 600 多亩，节约插秧费用 1.3 万多元，水稻单产也增加 5%以上。这 8 户农民机插秧的成功调动了周边农民购买和使用插秧机的热情，2006 年有 150 多户农民购买了插秧机，2007 年又有近 170 户农民购买了插秧机，到 2008 年 7 月荆州市已有 1 200 多家农户购买了插秧机。插秧机保有量的快速增长为规模经营、合作经营创造了条件。

第二，团队作业，提高效益增信心。插秧机的快速增长也带来了一些突出的问题：一是机手技术不熟影响了作业质量。如荆州市某乡镇购置了10台手扶式插秧机，但因机主对育秧及插秧机操作技术不熟悉，2007年单机机插秧面积平均不足100亩。二是信息不灵影响了作业面积。一边是机手有机械却落实不到机插作业面积，另一边是种粮大户想机插却找不到机械，信息不通畅使插秧机的利用率很不充分，也在很大程度上制约了机手的收益。能不能较好地解决农民机插秧技术不熟、作业收益不高的问题成为了关乎机插秧技术推广能否取得更大进展的重大课题。在省市农机主管部门的大力支持下，荆州市农机化研究所开展了机插秧技术推广与服务模式的研究与探索。2007年年初，荆州市农机化研究所出资24万元，购买了4台插秧机，开展机插秧作业服务，同时把愿意跟着一起作业的6个插秧机主组织在一起；组建了全市第一支机插秧服务队。大家集体研究后决定在"产权独立、单机核算、自负盈亏"的基础上实行"五统一"的方式作业，即"统一签订作业合同，统一采购生产资料，统一作业质量标准，统一作业收费价格，统一安排作业地点"。当年服务队10台插秧机机插水稻4 100多亩，机主的收入平均达到了1.1万元，作业面积和收益都是单家独户插秧机经营者的2倍以上。尝到了团队经营的好处，机手们对机插秧的感情深了，通过机插秧致富的信心也足了。

第三，建合作社，集体经营谋发展。机插秧服务队的成功运作在插秧机手中引起了巨大反响，越来越多的机手提出了加入服务队的要求，到2007年7月，已经有30多个农户提出了入队申请。随着服务队规模的扩大，其不足也越来越明显：一是凝聚力不强。由于机手和服务队不存在利益约束机制，个别机手在机插秧服务过程中对己有利则留、对己无利则走，不能完全履行服务队的服务承诺；二是缺乏"利益共享、风险共担"机制。机手与机手之间"同富贵”容易,“共患难”则难。不处理好这些问题,机插秧规模经营就难以进行下去。是散,还是继续干下去?服务队在十字路口徘徊。

《农民专业合作社法》的颁布实施为我们化解这些问题提供了一条新思路。2007 年 8 月 2 日,荆州市农机化研究所和部分率先购置插秧机的机主 12 人坐在了一起,召开了合作社成立筹备会,共商组建机插秧专业合作社事宜。大家一致认为以服务队为依托,组建机插秧合作社是维护广大插秧机手利益的最好方式。会议向全市插秧机手发出了成立机插秧专业合作社的倡议书。倡议也得到了机手的积极响应和支持,2007 年 8 月 23 日,第一批响应倡议的插秧机手 20 多人聚集一堂,召开了“荆州市富民机插秧专业合作社”成立大会,会议起草并通过了合作社章程,选举产生了合作社理事会和监事会,落实了合作社办公地点,明确了合作社的主要业务为两项:一是组织社员开展机插秧作业,向社员提供机插秧市场需求信息和其他服务;二是组织社员对农民开展机插秧与配套育秧技术的辅导与培训。2008 年 8 月召开的社员大会一致同意将“荆州市富民机插秧专业合作社”更名为“荆州市富民农机专业合作社”,服务项目应增加。

理顺所社关系

荆州市农机化研究所是合作社的主要发起单位,也是合作社唯一的团体社员,出资额在所有社员中最多,所长还兼任合作社理事长,如果处理不好研究所与合作社的关系,就极易出现团体社员把持合作社等违背合作社政策法规的现象。为维护好全体社员的利益,确保合作社健康发展,合作社与市农机化研究所加强沟通,相互理解,摸索出了研究所与合作社“指导不领导,支持不干预,服务不把持”的运作机制。作为唯一的团体社员,市农机化研究所充分发挥自己在农机化技术、信息网络、经济实力和政策领悟能力等方面的优势,为合作社的发展排忧解难,保驾护航。在经济上除了拿出4台插秧机入社外，还先后2次注入资金共5万元，帮助合作社解决流动资金紧张的燃眉之急；无偿拿出经营场所4间供合作社办公，无偿安排2名技术人员为合作社开展机插秧技术培训，并帮助组织跨区机插秧作业；2008年初的雪灾给6名社员造成了比较大的经济损失，市农机化研究所主动和农业、财政等部门联系，为合作社争取到国家补贴资金5万元，用于这6名社员受损机具的维修和保养。在工作过程中，市农机化研究所严格执行《章程》规定和社员大会决议，不谋求特殊利益。一是在决定重大事项时也只享有一票的表决权；二是合作社的经营与管理由理事会全权负责，从市农机化研究所聘请的工作人员必须遵守本社的制度，执行理事会的决议；三是在经济上各自独立开户建账，独立核算，保持独立性。

提升服务能力

第一，完善服务机构设置。为了保障合作社各项业务的正常开展，合作社成立之初，理事会就一致同意设立"三部一库"办事机构。"三部"即技术培训部、配件供应部、信息服务部。技术培训部主要负责对社员和有机插秧意愿的农民进行机插配套育秧技术、插秧机操作技术和田间管理等技术的培训；配件供应部则通过和插秧机生产厂家的合作，为社员提供优质、价廉、及时的配件供给以及机具售后服务；业务部主要联系、承接机插秧业务，并负责为社员提供各种信息服务，组织社员开展跨区机插秧作业；"一库"即"插秧机机库"，主要负责为社员提供农闲时的仓储服务和机具维护保养服务。2009年，根据业务工作的需要，合作社对内部机构设置进行了调整，成立了三支服务队和四个中心，为社员和农民提供全方位服务。"三支服务队"即机插秧服务队、机耕服务队、跨区机收服务队，"四个中心"即技术培训中心、信息服务中心、配件供应中心、维修服务中心。几年来，合作社先后投资3万多元购置了电脑、打印机等办公设备以及电视、DVD、投影仪等培训设备；投资13万元购置了油泵调节台、钻床、钳工台等机械维修和保养设备。

第二，组织跨区机插秧作业。插秧机和其他的农业机械一样，效益和机具的利用率成正比，而跨区机插秧是延长插秧机作业时间、增加作业面积和提高机具利用率的最重要手段。过去机手受技术和信息的制约，以及对单机外出作业的恐惧心理，一般只在住地附近区域作业，受季节限制，作业时间有限，作业面积也有限，效益普遍不高。合作社成立后，把组织社员开展跨区机插秧作为合作社建设的一项主要工作来抓。一是举办了一次跨区机插秧知识培训班。合作社从荆州市联合收割机协会中聘请了2名有多年跨区作业经验的专家，请他们传授组织小麦、水稻跨区机收的经验，同时免费为社员办理“插秧机跨区证”，发放“湖北省跨区作业信息手册”。通过这些举措提高了社员对跨区作业的认识，解除了部分社员对外出作业的畏惧心理；二是强化跨区作业服务。合作社抓住农机部门大力推广机插秧的机遇，从社内挑选了2名有跨区作业经验的社员，组成跨区机插秧工作专班，负责联系跨区机插秧业务和统一调度插秧机。合作社还开通了合作社的跨区作业短信服务，定期将各地的作业面积、作业价格、作业要求等信息发给社员。2011年，合作社在荆州市、荆门市、潜江市等地，共签署跨区机插秧作业合同和协议21份，协议跨区机插秧面积2.2万多亩，完成跨区机插秧面积2万多亩，社员增加收入71万元，跨区作业收入占了社员总收入的50%以上。沙市区岑河镇社员周大其今年机插水稻1 200亩，其中跨区作业就占了920亩，通过跨区作业增加收入3.3万元，跨区作业使他成了荆州市闻名的“机插秧状元”。

第三，统一供给生产资料。合作社成立前，机手购买秧盘、壮秧剂等生产资料基本上都是在农资市场上购买，不仅质量无法保障，价格也高。1张秧盘零售价不低于0.55元，1千克壮秧剂价格不低于3元。合作社成立后，这些生产资料实行了集体统一采购，由合作社分别与秧盘、壮秧剂生产厂签订供货合同，在产品质量有了保证的同时，秧盘价格降到了每张 0.4 元，壮秧剂价格也降到了每千克 2 元。2011 年集体采购秧盘 22 万张，壮秧剂 20 吨，仅此两项社员就减少支出 5 万元。尝到了这些看得见、摸得着的甜头，社员们合作经营的劲头更足了。在社员的一致要求下，农机配件购置现在也纳入了社内集中采购，机具的三包服务也由合作社统一和厂家洽谈。

带动农民受益

第一，促机手学技。机插秧是一项系统化的农机化技术，而插秧机又是科技含量最高的农机装备，高科技的技术装备需要高素质的机手来操作。合作社特别注重机插秧的技术培训。一是举办技术培训班。合作社从插秧机生产厂家和市县农机部门聘请了 5 名机插秧技术专家，在各个乡镇巡回举办技术培训班，重点对社员开展机插配套育秧技术、插秧机操作使用技术的培训，四年来先后办班 41 起，对全部社员都进行了 2 次以上的农机技能的系统培训，同时培训社外技术人员 1 500 多人次。二是组织社员到厂家实习。合作社先后组织 12 人次的社员到江苏“富来威”、“东洋”等插秧机生产厂实习，学习插秧机的装配、保养和故障排除等技术，通过动手操作提高社员的综合能力。三是组织机插育秧和机插作业现场会。合作社把技术培训与农机部门的机插秧技术推广工作相结合，相互支持，互相配合，2011 年就成功举办机插育秧和机插作业现场会 12 场次，现场观摩的人员超过了 5 000 人次。

第二，帮农民解忧。荆州市是全国水稻主产区之一，年种植面积 580 万亩以上，而水稻栽插仍以手插为主。近几年来，随着荆州市“打工”经济的发展，农村劳动力短缺的现象日益严重，水稻栽植时节，插秧雇工费用大幅度上涨，2011 年和 2005 年相比，插秧雇工日工资上涨了 1 倍以上，有时种稻大户花钱也雇不到人插秧。

为了解决广大农民生产中的困难，合作社一直把机插秧技术的推广应用作为工作的重点，同时积极拓宽农机化服务范围，走全方位农机服务之路。2011 年，合作社已拥有插秧机、收割机、拖拉机等农业机械 182 台(套)，每年农机作业面积近 12 万亩，使广大农民从繁重的体力劳动中解脱出来，受到了农民的欢迎。

第三，带社员增收。合作社通过推广应用农机化新技术，增加了机手和农民收入，实现了农机部门提出的"买一台农机，富一个机手，服务一方农民"的目标。2010 年，合作社已实现作业服务盈利 540 万元，返还给社员 529 万元，社员人均年收入 3.2 万元，比非社员增收 1 万多元，增 1 倍以上。如沙市区社员孙运友，2005 年就购买了插秧机，是荆州市第一批购机者，以前年收入只有 3 000 多元，入社后，每年合作社安排他到宜昌、荆门、江陵、松滋、监利、洪湖等地进行机插秧技术讲座、技术指导和跨区机插秧作业，现在年机插水稻 600 多亩，实现作业收入 4 万多元，较入社前增加了 10 倍以上。荆州区社员古林成，2007 年购买的插秧机，当年因不会育秧，没有开展作业服务。2008 年合作社安排会育秧的社员上门指导他育秧，并组织插秧机生产厂家为他提供操作技术指导，该年度他以一台手扶式插秧机栽插水稻 600 多亩，实现收入近 4 万元，创了荆州市单台手扶式插秧机作业面积和收入的记录。沙市社员何生龙，购置了一台联合收割机，由于不熟悉外地机收情况，一直没有参加跨区机收。2008 年入社后，每年都参加了合作社组织的小麦和水稻跨区机收，每年跨区机收小麦和水稻面积都超过了 800 亩，年收入比入社前增加了 2 万多元。

(资料来源：中国农民专业合作社网，2011 年 12 月)

案例启示：

第一，荆州市富民农机专业合作社的成立，是以荆州市农机化研究所为依托的，它为合作社提供强大的技术支撑。该社的前身是荆州市富民机插秧专业合作社，从改名后，它完成了一系列的制度转型，包括机构设置、业务范围、运作模式、管理方法和利益分配方面，都进行了进一步的完善。

第二，荆州市富民农机专业合作社与其他合作社的不同点在于，时机成熟和牵线搭桥。进城务工人员增多，直接导致手工插秧人手不足，于是机插技术急需推广；在不缺插秧机和机工的情况下，水稻种植大户仍然找不到足够的插秧服务，在于信息不对称和低下的运作模式。农机专业合作社的成立使这些问题迎刃而解，它一方面组织机器和机工，另一方面扩展业务范围，使插秧业务进入制度化和有序化的发展轨道。

【案例六】

从“合作社”到“联合社”
——晋中农民专业合作组织发展

2011 年 3 月中旬，榆次怀仁醋业联合社的醋业生产全线“飘红”，实现了四翻番，食醋产值实现了翻两番，食醋产量翻一番，食醋销售价翻一番。社员户均收入达到 28 500 元，比入社前的 14 500 元翻了近一番，比没有入社的加工户户均增收 7 400 元，仅醋业一项该联合社社员就可实现人均纯收入 7 000 多元。怀仁已经发展成为“山西酿醋第一村”。

而榆次怀仁醋业联合社社员的好日子就是从 2005 年 11 月 15 日开始的，这一天，榆次怀仁醋业合作社正式在晋中市工商局注册登记，这也是山西省正式成立的第一家农民专业合作社。

当时的合作社变身为现在的联合社，见证的是晋中市农民专业合作组织发展的历程。目前，遍布全省的农民专业联合社不仅传播着最新的生产技术，还带着农户勇闯市场，力量不可小觑。

从单一到多元，合作社急需“变身”

数据显示：“十一五”期间，是晋中市农民专业合作社快速发展的时期。截至 2011 年 3 月，晋中市共发展农民专业合作社 4 746 户，出资总额 37 亿元，成员总数 3 万多人，占全省农民专业合作社总数的 2/5，名列全省第一。

晋中市农民专业合作社不仅数量多，特点也非常鲜明：一是发展速度快，“十一五”期间，增长了 30 倍；覆盖范围广，基本覆盖了全市种植、养殖、蔬菜、水果等传统产业、特色产业和新型产业，涵盖了所有优势农产品产、加、销和服务一体化运作的全过程。二是合作领域宽，服务内容从单一的交流、传播技术向技术、信息、销售等综合服务方向发展。三是活动深度由单纯的生产环节扩展到产、加、销全过程。合作范围由村内、乡内发展到跨乡、跨县(市)。四是组织机制全，所有合作社全部按照《农民专业合作社法》规范要求进行了登记注册，由原来的临时筹集成员，现在逐步发展成为技术合作、资金合作的利益共同体。五是带动能力强，能人和大户牵头创办合作社，具有较强的带动能力和比较优势。六是合作效益好，农民专业合作社凭借自身的平台优势，增强了市场开拓能力和市场竞争力，实现了效益翻番。

但是，随着市场竞争的加剧，单打独斗的农民专业合作社已经满足不了社员的诸多需求，合作社急需“变身”的呼声日益迫切……

从分散到抱团，市场竞争打出“组合拳”

晋中市农民专业合作社发展势头强劲，跨区域合作社大量出现。但在合作社数量迅速扩张的同时，也暴露出一些弊端。比如合作社资金力量不足，普遍存在集约化程度低、生产设施不配套等问题；大多小规模合作社由散兵组成，单打独斗，没有大局意识，各做各的，各卖各的，品质千差万别，价钱有高有低，市场竞争形成了恶性循环；部分合作社在利益的驱动下，各自为政，互相之间通过假冒伪劣、竞相压价等不正当手段进行着低水平竞争，直接影响着其自身的良性发展；在激烈的市场竞争面前，很多农民专业合作社依然处于弱势地位，很难得到大企业的认可。

晋中市榆次区是一个传统养殖区，尤其是奶牛养殖总量较大。位于榆次区修文镇王香村的锦宏奶牛养殖合作社，过去曾一度为国内某大型乳业企业供奶，但企业看不起小的合作社，不仅得不到合同文本，就连产品指标也一直由乳业企业单方确定，而且被压价、拖欠克扣奶款的事情也时有发生。要改变这种状况，就要淘汰无序竞争的小合作社，通过规范、重组形成“组合拳”，促使合作社做大做强，真正实现农业增效、农民增收。

晋中市工商部门多次深入合作社调研，并与相关的农经等部门协作，积极探讨合作社的“前途”。由此，规范化、标准化、集团化运作的行业龙头组织——联合社应势而生，为农民专业合作社撑起了一片新的发展空间。

联合社的成立，不仅为奶农撑起了“腰杆”，也使晋中市更多的农户产业尝到了“甜头”。平遥县中药材合作社升级为联合社后，以更高的标准进行种植、加工、销售，进一步扩大了平遥中药材的种植规模，大大提升了平遥中药材的对外知名度，提高了中药材的售价，使当地药农的收入不断增加。现在，平遥县药农通过种植中药材增收已近千万元。

从弱小到强大，政府服务续力护航

农民专业合作社“抱团”组建联合社，得到了各方的肯定。据不完全统计，截至 2011 年 3 月，晋中市已成立了 20 余户联合社。

合作社变联合社，带来了四大明显变化。

变化一：对市场的影响力增强了。榆次奶牛养殖联合社总资产和奶牛养殖规模都在当地乃至省内占据优势。该合作社果断解除了与原先企业的合作，通过平等谈判，以较大的权益实现了与国内另一家奶业巨头的合作。

变化二：实现了买方市场转为卖方市场的转换。实现了市场地位的对等，建立品牌、提升知名度、扩大市场占有率，联合社以自己过硬的产品质量赢得了市场认可。许多产品不仅稳定地巩固了省内市场，还撬开了邻省市场。众多企业找上门来，主动提价，形成了买方竞争的局面，由此，合作社在市场竞争中占据了主动。

变化三：资源共享，规模扩大了。“怀仁醋业”将几个合作社分布在全国各地的35个重复营销网点取消了，减少了销售人员近百人，仅此一项减少销售费用100余万元。通过统一组织销售和约定最低限价，让市场份额不大的品牌退出市场，重点打造和保护市场占有率高的“四眼井”和“春润”等品牌，撤回来的社员与其他社员一样，只专心为大品牌提供原醋。

变化四：农民利益实现了最大化。榆次奶牛养殖联合社实行统一谈判、统一销售，奶价由原来的每公斤2.6元提高到3.8元，每公斤奶从亏损0.04元到盈利0.85元，扣除管理费、公积金外，奶农还能另外享受到合作社的盈余返还。

（资料来源：山西日报，2011-03-31）

案例启示：

晋中农民专业合作社由开始的小、分、弱，发展到联合社的大、团、强，充分反映出区域性同质化农业产业发展的特点。由于乳业、醋业等产业在晋中属于特色产业，这方面的农民专业合作社也就非常多，但规模小，市场话语权弱，导致合作社在参与市场竞争时处于不利地位。晋中市工商部门的联社运动，不仅改变了混乱的市场秩序，而且发挥出合作社的集团作战优势，彻底扭转了合作社以往的不利局面。晋中市的做法，体现出了区域品牌的发展需要形成统一的经济联合体，维护集体利益，发展集体品牌，这就需要政府部门的积极扶持。

【案例七】

“合作社＋支部＋农户”的运作模式
——封丘县青堆树莓专业合作社

合作社简介

封丘县青堆树莓专业合作社，成立于 2003 年，2005 年组建为封丘县青堆树莓专业合作社。封丘县青堆树莓专业合作社位于新乡市封丘县留光乡青堆村，北临新长公路，东临“大港”高速和原 106 国道。

截至 2012 年 6 月，合作社拥有社员 3 500 多户，树莓种植合作总面积 12 000 多亩，辐射带动封丘县赵岗镇、留光镇、黄德镇、冯村乡、鲁岗乡、潘店乡、陈固乡、李庄乡以及周边 9 个市、县，技术推广服务、果实回收合作辐射到了郑州、开封、安阳、洛阳、商丘、驻马店、南阳等市及省外 8 个省、自治区。合作社实现了树莓苗木培育、树莓种植、产品研发、加工销售的产业化发展格局，成为全国规模最大的树莓产业整合单位。带动社员亩均增收 8 000 多元，是种植粮食作物收益的 8 倍。

合作社运作模式

青堆树莓合作社是在村党支部的积极带动下发起的，实行“合作社＋支部＋农户”运作模式，以家庭承包种植为基础，以服务成员、谋取全体成员的共同利益为宗旨，坚持“入社自愿、退社自由、利益共享、风险共担”的原则，帮助群众共同致富。该合作社为了实现标准化生产，规范化生产管理，在村党支部带动下，首先注重社员的标准生产技术培训和生产管理培训；此外，合作社注重开发新产品，通过支部带动农户，研发了多种新产品，注册了新商标。这些工作使得合作社取得了很好的经济效益和社会影响。

社员培训

合作社对树莓种植户提供“产前、产中、产后”的系统服务，施行“统一供苗、统一技术指导、统一农资和种植、统一加工、统一包装销售”的标准化生产，农产品统一销售率为100%。为了提高社员的生产技术水平和管理水平，合作社通过党支部带动农户积极参加培训，提高水平，多次邀请中国林业科学院树莓课题组、中国农业科学院郑州果树研究所、河南农业大学等科研单位的专家对社员进行培训和技术指导，聘请技术人员深入田间地头现场指导树莓生产技术，在生产管理上还对社员免费发放技术书籍。合作社还实行对困难户社员种植进行扶持，困难户种植树莓可先交一半苗款，特殊困难社员先不交苗款，交果时再付苗款或无偿扶持等，这些扶持政策加快了封丘县树莓产业的发展速度。

开发新产品，研发新成果

合作社通过村党支部带动农产，先后引进推广莎妮、香妃、红宝等21个树莓新品种；建立了省级农业标准化种植示范基地；选育出优良新品种，通过了河南省林木良种委员会新品种认证；红宝树莓高效栽培示范与推广、树莓无公害栽培示范与加工两项科技成果通过了河南省科技厅科技成果鉴定；建设树莓种植推广示范基地500亩、辐射带动周边12 000多亩树莓种植，为农民亩均增收8 000元。

合作社现已开发的树莓产品有树莓鲜果、树莓速冻果、树莓饮料、树莓冻干果等，其中树莓饮料填补国内空白。联合相关单位制定国家及地方标准3项。同中国农业科学院郑州果树研究所联合建立树莓工程技术中心，拥有中型冷库一座、冷藏车及运输车6辆，建有集办公、研发、培训为一体的多功能办公楼一栋，建成投产了年产 8 万吨的树莓饮料加工厂，厂区占地面积 13 340 米^2、建筑面积 9 338 米^2，员工人数 107 人、技术专业人员 32 人，其中高级人员 17 人。

合作社在 2007 年注册了“津思味”商标，产品通过了农业部质量安全中心的“无公害农产品认证”。积极参加各类展会，在上海、北京、郑州等地建立办事处，在各个媒体投放广告，扩大了树莓产品在全国的知名度。目前，树莓产品销售到了北京、上海、杭州、天津、青岛、广州、武汉、沈阳、西安等全国 30 余个大、中城市。

社会影响

合作社的工作逐步得到社会各界的认可，成为农业部全国一村一品示范村镇，被中国特产协会公众评选为“中国名优特产”，是农业部农民合作经济组织项目建设示范单位，中国林业科学院树莓种植示范实验合作基地，中国农业科学院郑州果树研究所树莓工程技术研究中心，河南省“农村科普示范基地”，河南省“科普惠农兴村先进单位”，河南省农民专业合作社“示范社”、“优秀社”，被省农业厅评为“农业标准化生产示范基地”，被省技术监督局评为“封丘县树莓种植标准化示范区”，被省扶贫办评为“扶贫开发先进单位”，被省人事厅评为“一村一品引智示范基地”，“新乡市农业产业化重点龙头企业”等多项荣誉。

发展规划

树莓既是鲜食的珍贵水果又是加工营养保健食品的优质原料，在医药、化妆等方面也有着广泛的用途，加上其保鲜期短，加工成各种高档食品就成了树莓的主要消费途径。封丘县青堆树莓专业合作社充分发挥土地水质、气候资源优势，南方不能种红莓、北方不能种黑莓，品质不如中原的优质。合作社准备把树莓产业做大做强，并长期与中国农业科学院、林业科学院进行树莓培育技术合作,有雄厚的科技支撑基础,产品销售有保障,计划树莓种植面积达到10万亩,逐步建成包括冷冻、浓缩汁、果汁饮料、罐头、树莓果酒、果酱提取色素等项目的生产线,拉长产业链,提升树莓的附加值实现出口创汇,拓展农民增收的渠道增加农民收入。同时北京轻工职业技术学院在树莓产品开发上做了大量的工作,现正在为封丘县青堆树莓专业合作社研制树莓酒、树莓饮料,保证了青堆树莓合作社树莓加工产品的高品质及市场竞争力。树莓属劳动密集型种植业,合作社可以充分发挥劳动力廉价的优势,以低成本,高质量,优势产品参与国际市场,形成一个出口创汇产业。

(资料来源:百度百科,http://baike.baidu.com/view/2618933.htm 2012-6-29)

案例启示:

封丘县封堆树莓专业合作社的成功体现在,合作社发起时党支部作用和发展过程中实行"合作社＋党支部＋农户"的运作模式的诸多做法,包括产业链延伸、品牌打造、市场定位等。合作社紧紧依托自己的产品优势,积极开拓各类市场,尤其是高端市场,延长产业链,将树莓产业由"田间",经过新产品开发和渠道拓展,直至送到消费者的"餐桌上",牢牢控制住了树莓产业的市场主动权。在这个过程中,合作社的作用不仅仅体现在生产领域,更重要的是对市场的开拓和把控上,因此别具意义。

【案例八】

全国农民专业合作社示范社的典型
——民勤县奥祥瓜菜产销专业合作社

2012年7月4日,从农业部传来喜讯,运行规范、辐射带动能力强的民勤县奥祥瓜菜产销专业合作社被评为“全国农民专业合作社示范社”。

奥祥瓜菜产销专业合作社自 2008 年 1 月注册登记以来，从最初的 6 名发起者发展到 2012 年的 350 名会员，辐射民勤、收成、西渠、泉山、大坝等乡镇，各类资产总额 1 120 万元。实行统一管理、统一服务、统一包装、统一价格、统一收购销售的模式，联合群众闯市场，显示出强大的发展力。

起步：“领头羊”的积极作用

在大坝乡，一提起农民合作社，群众都会说起甄士杰，都会发出啧啧的称赞声。40 岁出头的甄士杰是大坝乡八一村 6 社人。他高中毕业后，在农场当过电工、干过出纳。成立农民合作社时，几位合作者积极性不太高。当时刚刚兴起的温室产业是一个阳光产业，只是刚起步，规模小，市场信息闭塞，瓜菜贩子层层压价，农户很“受伤”，但头脑灵活的甄士杰认定反季节种植孕育着市场商机，有发展前途。他反复动员，上门做工作，让大家了解合作社的好处，大家的思想慢慢变化了。2008 年 1 月，甄士杰登记注册了奥祥专业合作社。

培育“头羊”，引领发展。成立合作社的目的就是为农民提供服务，引领大家走上致富之路。合作社成立后，甄士杰走进大棚、田间地头，走近农户，帮助、指导瓜农种植，使他们从“单兵作战”到“军团作战”，发挥了“领头羊”的积极作用。

发展：先进的理念和规范发展的宗旨

奥祥瓜菜产销专业合作社坚持发展宗旨，制定完善规章制度，为规范运作奠定了坚实的基础。合作社通过了合作社章程，选举产生了理事会和监事会，同时明确了合作社的发展方向和服务宗旨。由于发展理念对路，引领到位，合作社发展已初见成效。先后建立蜜瓜新品种试验示范基地5 000亩，引进新品种60多个，培训社员及其他农户2 000人(次)，带动农户1 500户。会员分布于收成、西渠、泉山、大坝等多个乡镇。2011年，温室和大田蜜瓜销售额达1 500多万元。截至2012年7月，仅组织销售温室蜜瓜近千吨，销售额达400万元。

探索:有机农业新思路

产业化运作、规范化经营，创新服务、树立品牌。奥祥合作社注重与相关部门的协作，切实创新服务方式和方法，积极投身民勤县推进现代农业新模式，打造绿洲瓜果品牌的目标和事业中。合作社注册了“奥祥金红宝”、“脆红玉”、“香满天”等商标，设计的“蜜翠”、“金红宝”包装箱于2012年4月18日获得了国家知识产权局颁发的专利证书。在政府的支持帮助和大力引导下，他们充分发挥合作社的带动优势，走上了有机农业发展之路，收成、西渠、大坝等乡镇的基地取得了省农牧厅颁发的“无公害农产品产地认定证书”，“金红宝”蜜瓜获得了国家绿色食品认证，西瓜和厚皮甜瓜获得了农业部农产品质量安全中心授予的“无公害农产品证书”，成为农民致富的金瓜银瓜，招徕客商的香瓜宝瓜，产品销往北京、哈尔滨、西安、上海、广州等20多个大、中城市。

目标:市场小船变产业航母

形成合力，提升品牌，共同发展，市场小船才能变成产业航母。民勤县立足长远，谋划发展，根据区域资源和产业特色，培育和发展各类农民专业合作经济组织，大力调整农业结构，推进“设施农牧业＋特色林果业”的现代农业新模式，促进农业增效、农民增收，助推农业产业化发展和新农村建设。

该合作社目前是“甘肃省百强农民专业合作社”、“全省农民专业合作社示范社”、“全国农民专业合作社示范社”，但奥祥瓜菜产销专业合作社仍存在发展资金不足、产业规模小和产业链条短等问题。今后要进一步加强与农户和其他合作社的合作，借梯登高、借力发展、借势而上，“抱团”闯市场，这样，合作社的路子才会越走越宽。

（资料来源：中国农民专业合作社网，2012-07-13）

案例启示：

奥祥瓜菜产销专业合作社的成功，在于探索走有机产品和绿色产品之路，开发反季节蔬菜，培育特色农产品品牌，有效组织农民加入合作社。特别是获得专业商标和包装，在开拓市场方面具有十分重要的作用。

【案例九】

全国首次以农民专业合作社名义获得中国驰名商标
——浙江“忘不了”柑橘专业合作社

喜获荣称声名扬

2011年5月27日，对于浙江“忘不了”柑橘专业合作社来说是个难忘的日子，因为这一天，“忘不了”被国家工商行政管理总局认定为中国驰名商标，而这也是全国首次以农民专业合作社名义获得的中国驰名商标。

用合作社理事长冯贻法的话来说，“忘不了”获得中国驰名商标是国家对农民专业合作社的最高肯定。其实，经过9年的艰苦发展，“忘不了”柑橘合作社及其品牌早已是荣誉满载：2002年荣获浙江省柑橘博览会金奖；2003—2005年连续3年荣获浙江省农业博览会金奖；2005年荣获台州市首届“十大农业品牌”和“浙江省著名商标”；2006年荣获台州市知名商品、浙江名牌产品、中国绿色食品;2008年荣获浙江省名品正牌农产品等荣誉称号。

科学管理立规范

浙江"忘不了"专业合作社之所以能够在短短9年时间里取得如此优异的成绩,与合作社一直以来坚持创新管理、科学种植密切相关。为使广大社员尽快更新传统农业技术,掌握柑橘新品种、新技术、新设施等技术的应用,增进安全优质生产的意识,促进产业水平上档次,"忘不了"合作社开创了"特色+档次"模式,在农业增效之路上迈出了可喜的一步。

合作社筹集资金建造了180米^{2}媒体电教室,为社员提供固定场所进行经常性的学习和培训;建立了科技服务机制,制定了《柑橘生产技术操作规程》、《果品质量技术标准》、《果品质量安全管理手册》及田间档案记录制度、质量追溯制度,做到岗位职责明确、管理制度和安全管理服务体系健全;聘请浙江省柑橘研究所和临海市特产技术推广总站等有关专家为合作社常年技术顾问;邀请韩国、日本及中国柑橘研究所和浙江大学等国内外柑橘专家来社讲学,不定期开展绿色果品生产技术培训。合作社建立土壤检测分析室和农残检测实验室,配备了相关仪器设备和专业技术人员,为社员做好技术、信息和检测等服务,柑橘实施标准化生产。

2009年,合作社联合台州农资有限公司在合作社设立了涌泉农资综合服务中心,从源头上控制农药使用的种类,并配置了农药残留速测仪,在柑橘上坚持产品出厂检验,对检测不合格的社员产品拒绝收购,确保合作社产品的安全性。2011年,合作社还将建立柑橘信息化管理示范基地,建设柑橘基地生态信息、树体果实生理发育和果园视频信息的实时监控和预警系统,及时全面掌握果园主要信息,实现远程管理和监控。

合作社目前拥有社员143户,建有柑橘科技示范园200亩,柑橘核心基地面积1 100亩,联结社员基地8 100亩,草莓基地面积

300 余亩，拥有办公综合用房 2 380 $米^2$，2010 年销售果品 6 800 吨，总资产达 3 280 万元。

扶持资金助发展

2008 年，浙江台州市供销合作社作为“忘不了”合作社唯一的事业法人单位参股合作社。合作社通过供销合作社平台积极申报项目，已成功申报出境柑橘包装厂改建项目，获得省财政扶持资金 70 万元；500 亩优质新品种柑橘基地建设，获得省财政资金扶持 40 万元。

2009 年“忘不了”科技示范园被中华全国供销合作总社命名为农业标准化示范基地，获项目扶持资金 10 万元。在台州市供销合作社的助力下，“忘不了”专业合作社从浙江省、台州市“示范性农民专业合作社”一跃成为全国总社首批“农民专业合作社示范社”。

有了这些资金支持，“忘不了”合作社与台州供销合作社社有企业台州新田园农副产品配送中心、台州农副产品集配中心合作，在全国 20 多个大中城市设立营销网点，大大拓宽了合作社销售渠道，其辐射范围更加广泛，充分发挥了示范合作社的带动能力。

2008 年，南方遭遇了罕见的冰冻灾害，当地大部分地方的低品质柑橘园受冻，柑橘受损面积约 8 000 亩，严重影响了农民收入。“忘不了”合作社及时调整产业结构，解决柑橘品种单一、季节性束缚强等问题，于 2009 年联合台州农资公司建立了临海市草莓科技推广示范基地。基地实行统一规划、统一基础设施建设、统一生产操作规程和病虫害防治，引进优良新品种，应用先进的科学管理技术，使得生产的产品质量大大高于市场的同类产品，深受消费者喜爱，取得了较好的经济效益，亩均收入 3 万元。2011 年有许多农户申请加盟草莓基地种植，据估计，“十二五”期间将带动 1 000 户农户，草莓种植面积有望发展到 3 000 亩。

2009年底，面对农民贷款难的局面，合作社在台州市供销合作社的扶持下，积极实施农村金融服务体系创新，根据省农办、省银监局的统一部署，成立了浙江省首家农村资金互助社，为社员提供金融服务。截至2011年6月底，合作社累计发放社员贷款249笔3 777万元，累计收回178笔2 661万元，不良贷款0笔。一个示范社的积极作用在向更大的范围、更广的领域延伸。

（资料来源：重庆农业农村信息网，2011-08-29）

案例启示：

“忘不了”柑橘专业合作社，使“忘不了”成为首个以农民专业合作社名义获得的中国驰名商标。主要在于“忘不了”实行严格的科学管理，它采用的诸多柑橘生产监控体系和设施，使柑橘生产过程管理安全化和规范化，提高了管理水平，特别是消除产品农药残留这一为消费者关心的问题。另外，台州市供销合作社的入股，为合作社申请项目提供了平台，帮助它获得了更多的发展空间。

【案例十】

依托互联网科技　拓宽特色农产品销售渠道
——宁国市万林苗木产业合作社

近年来，宣城市众多农民专业合作社积极开展信息化建设，推动互联网科技的应用，开拓网络销售业务，不断拓宽特色农产品销售渠道，1 000多家农民专业合作社呈现出蓬勃发展的良好势头，带动了27万户农户增收致富。

成立于2006年的安徽省宁国市万林苗木产业合作社，在成立之初，由于合作社地处偏远山区，信息不畅，种植的1 000多亩绿化苗木只能依靠经销商上门收购，销售渠道窄导致苗木价格远远低于市场水平，农户每亩苗木收入只有 1 000 多元。

就在合作社发展举步维艰的时候，当地政府帮助合作社建立起网站，合作社社员们可以随时将种植的苗木图片、价格和规格在网络上发布，并可以通过网络进行业务交易。网站刚刚建立起来，合作社种植的优质苗木就引起了许多外地客商的关注和兴趣。依托于网络的优势，万林苗木合作社很快就拓宽了销售渠道，彻底改变了以往信息不灵、卖苗木难、销售成本过高等问题，有力带动了当地苗木种植发展，仅仅 3 年时间，合作社苗木基地扩大 4.5 倍，带动农户 1 300 多户，苗木种植面积扩大到 6 000 多亩，每年发布产品供求信息 2 458 条，网上交易额达到 700 多万元，销售收入由最初的 100 万元激增到现在的 1 000 多万元，农户每亩苗木收入也达到 7 000 元左右。

据宣城新闻网报道，像宁国市万林苗木产业合作社依托电子商务进行网络销售实现快速发展一样，近年来，宣城市积极帮助和引导农民专业合作社开展信息化建设，培训信息员 770 人，建成 91 个合作社示范网站、合作社网站 263 个，逐步推进农民专业合作社实现生产在社、营销在网、业务交流、资源共享，全市农民专业合作社如雨后春笋般迅速发展。截至 2012 年 5 月底，各类农民专业合作社达 1 100 多个，带动农户 20 多万户，合作社统一组织网络销售农产品总值达 20 亿元。

（资料来源：中国农民专业合作社网，2012 年 5 月）

案例启示：

宁国市万林苗木产业合作社，是依托信息化建设，拓宽特色农产品销售渠道，带动农户谋求发展的典范。这其中，当地政府的积极帮助和引导也是关键。

附录二　《中华人民共和国农民专业合作社法》(摘要)

第一章　总　则

第一条　为了支持、引导农民专业合作社的发展，规范农民专业合作社的组织和行为，保护农民专业合作社及其成员的合法权益，促进农业和农村经济的发展，制定本法。

第二条　农民专业合作社是在农村家庭承包经营基础上，同类农产品的生产经营者或者同类农业生产经营服务的提供者、利用者，自愿联合、民主管理的互助性经济组织。

农民专业合作社以其成员为主要服务对象，提供农业生产资料的购买，农产品的销售、加工、运输、贮藏以及与农业生产经营有关的技术、信息等服务。

第三条　农民专业合作社应当遵循下列原则：

(一)成员以农民为主体；

(二)以服务成员为宗旨，谋求全体成员的共同利益；

(三)入社自愿、退社自由；

(四)成员地位平等，实行民主管理；

(五)盈余主要按照成员与农民专业合作社的交易量(额)比例返还。

第四条　农民专业合作社依照本法登记，取得法人资格。

农民专业合作社对由成员出资、公积金、国家财政直接补助、他人捐赠以及合法取得的其他资产所形成的财产，享有占有、使用和处分的权利，并以上述财产对债务承担责任。

第五条　农民专业合作社成员以其账户内记载的出资额和公积金份额为限对农民专业合作社承担责任。

第六条　国家保护农民专业合作社及其成员的合法权益，任何单位和个人不得侵犯。

第七条 农民专业合作社从事生产经营活动,应当遵守法律、行政法规,遵守社会公德、商业道德,诚实守信。

第八条 国家通过财政支持、税收优惠和金融、科技、人才的扶持以及产业政策引导等措施,促进农民专业合作社的发展。

国家鼓励和支持社会各方面力量为农民专业合作社提供服务。

第九条 县级以上各级人民政府应当组织农业行政主管部门和其他有关部门及有关组织,依照本法规定,依据各自职责,对农民专业合作社的建设和发展给予指导、扶持和服务。

第二章 设立和登记

第十条 设立农民专业合作社,应当具备下列条件:

(一)有5名以上符合本法第十四条、第十五条规定的成员;

(二)有符合本法规定的章程;

(三)有符合本法规定的组织机构;

(四)有符合法律、行政法规规定的名称和章程确定的住所;

(五)有符合章程规定的成员出资。

第十一条 设立农民专业合作社应当召开由全体设立人参加的设立大会。设立时自愿成为该社成员的人为设立人。

设立大会行使下列职权:

(一)通过本社章程,章程应当由全体设立人一致通过;

(二)选举产生理事长、理事、执行监事或者监事会成员;

(三)审议其他重大事项。

第十二条 农民专业合作社章程应当载明下列事项:

(一)名称和住所;

(二)业务范围;

(三)成员资格及入社、退社和除名;

（四）成员的权利和义务；

（五）组织机构及其产生办法、职权、任期、议事规则；

（六）成员的出资方式、出资额；

（七）财务管理和盈余分配、亏损处理；

（八）章程修改程序；

（九）解散事由和清算办法；

（十）公告事项及发布方式；

（十一）需要规定的其他事项。

第十三条　设立农民专业合作社，应当向工商行政管理部门提交下列文件，申请设立登记：

（一）登记申请书；

（二）全体设立人签名、盖章的设立大会纪要；

（三）全体设立人签名、盖章的章程；

（四）法定代表人、理事的任职文件及身份证明；

（五）出资成员签名、盖章的出资清单；

（六）住所使用证明；

（七）法律、行政法规规定的其他文件。

登记机关应当自受理登记申请之日起20日内办理完毕，向符合登记条件的申请者颁发营业执照。

农民专业合作社法定登记事项变更的，应当申请变更登记。

农民专业合作社登记办法由国务院规定。办理登记不得收取费用。

第三章　成　　员

第十四条　具有民事行为能力的公民，以及从事与农民专业合作社业务直接有关的生产经营活动的企业、事业单位或者社会团体，能够利用农民专业合作社提供的服务，承认并遵守农民专业合作社章程，履行章程规定的入社手续的，可以成为农民专业合作社的成员。但是,具有管理公共事务职能的单位不得加入农民专业合作社。

农民专业合作社应当置备成员名册,并报登记机关。

第十五条 农民专业合作社的成员中,农民至少应当占成员总数的80%。

成员总数20人以下的,可以有一个企业、事业单位或者社会团体成员;成员总数超过20人的,企业、事业单位和社会团体成员不得超过成员总数的5%。

第十六条 农民专业合作社成员享有下列权利:

(一)参加成员大会,并享有表决权、选举权和被选举权,按照章程规定对本社实行民主管理;

(二)利用本社提供的服务和生产经营设施;

(三)按照章程规定或者成员大会决议分享盈余;

(四)查阅本社的章程、成员名册、成员大会或者成员代表大会记录、理事会会议决议、监事会会议决议、财务会计报告和会计账簿;

(五)章程规定的其他权利。

第十七条 农民专业合作社成员大会选举和表决,实行一人一票制,成员各享有一票的基本表决权。

出资额或者与本社交易量(额)较大的成员按照章程规定,可以享有附加表决权。本社的附加表决权总票数,不得超过本社成员基本表决权总票数的20%。享有附加表决权的成员及其享有的附加表决权数,应当在每次成员大会召开时告知出席会议的成员。

章程可以限制附加表决权行使的范围。

第十八条 农民专业合作社成员承担下列义务:

(一)执行成员大会、成员代表大会和理事会的决议;

(二)按照章程规定向本社出资;

（三）按照章程规定与本社进行交易；

（四）按照章程规定承担亏损；

（五）章程规定的其他义务。

第十九条　农民专业合作社成员要求退社的，应当在财务年度终了的3个月前向理事长或者理事会提出；其中，企业、事业单位或者社会团体成员退社，应当在财务年度终了的6个月前提出；章程另有规定的，从其规定。退社成员的成员资格自财务年度终了时终止。

第二十条　成员在其资格终止前与农民专业合作社已订立的合同，应当继续履行；章程另有规定或者与本社另有约定的除外。

第二十一条　成员资格终止的，农民专业合作社应当按照章程规定的方式和期限，退还记载在该成员账户内的出资额和公积金份额；对成员资格终止前的可分配盈余，依照本法第三十七条第二款的规定向其返还。

资格终止的成员应当按照章程规定分摊资格终止前本社的亏损及债务。

第四章　组织机构

第二十二条　农民专业合作社成员大会由全体成员组成，是本社的权力机构，行使下列职权：

（一）修改章程；

（二）选举和罢免理事长、理事、执行监事或者监事会成员；

（三）决定重大财产处置、对外投资、对外担保和生产经营活动中的其他重大事项；

（四）批准年度业务报告、盈余分配方案、亏损处理方案；

（五）对合并、分立、解散、清算做出决议；

（六）决定聘用经营管理人员和专业技术人员的数量、资格和任期；

(七)听取理事长或者理事会关于成员变动情况的报告;

(八)章程规定的其他职权。

第二十三条 农民专业合作社召开成员大会,出席人数应当达到成员总数2/3以上。

成员大会选举或者做出决议,应当由本社成员表决权总数过半数通过;做出修改章程或者合并、分立、解散的决议应当由本社成员表决权总数的2/3以上通过。章程对表决权数有较高规定的,从其规定。

第二十四条 农民专业合作社成员大会每年至少召开一次,会议的召集由章程规定。有下列情形之一的,应当在20日内召开临时成员大会。

(一)30%以上的成员提议;

(二)执行监事或者监事会提议;

(三)章程规定的其他情形。

第二十五条 农民专业合作社成员超过150人的,可以按照章程规定设立成员代表大会。成员代表大会按照章程规定可以行使成员大会的部分或者全部职权。

第二十六条 农民专业合作社设理事长1名,可以设理事会。理事长为本社的法定代表人。

农民专业合作社可以设执行监事或者监事会。理事长、理事、经理和财务会计人员不得兼任监事。

理事长、理事、执行监事或者监事会成员,由成员大会从本社成员中选举产生,依照本法和章程的规定行使职权,对成员大会负责。

理事会会议、监事会会议的表决,实行一人一票。

第二十七条 农民专业合作社的成员大会、理事会、监事会,应当将所议事项的决定做成会议记录,出席会议的成员、理事、监事应当在会议记录上签名。

第二十八条 农民专业合作社的理事长或者理事会可以按照成员大会的决定聘任经理和财务会计人员，理事长或者理事可以兼任经理。经理按照章程规定或者理事会的决定，可以聘任其他人员。

经理按照章程规定和理事长或者理事会授权，负责具体生产经营活动。

第二十九条 农民专业合作社的理事长、理事和管理人员不得有下列行为：

（一）侵占、挪用或者私分本社资产；

（二）违反章程规定或者未经成员大会同意，将本社资金借贷给他人或者以本社资产为他人提供担保；

（三）接受他人与本社交易的佣金归为己有；

（四）从事损害本社经济利益的其他活动。

理事长、理事和管理人员违反前款规定所得的收入，应当归本社所有；给本社造成损失的，应当承担赔偿责任。

第三十条 农民专业合作社的理事长、理事、经理不得兼任业务性质相同的其他农民专业合作社的理事长、理事、监事、经理。

第三十一条 执行与农民专业合作社业务有关公务的人员，不得担任农民专业合作社的理事长、理事、监事、经理或者财务会计人员。

第五章 财务管理

第三十二条 国务院财政部门依照国家有关法律、行政法规，制定农民专业合作社财务会计制度。农民专业合作社应当按照国务院财政部门制定的财务会计制度进行会计核算。

第三十三条 农民专业合作社的理事长或者理事会应当按照章程规定，组织编制年度业务报告、盈余分配方案、亏损处理方案以及财务会计报告，于成员大会召开的 15 日前，置备于办公地点，供成员查阅。

第三十四条　农民专业合作社与其成员的交易、与利用其提供的服务的非成员的交易，应当分别核算。

第三十五条　农民专业合作社可以按照章程规定或者成员大会决议从当年盈余中提取公积金。公积金用于弥补亏损、扩大生产经营或者转为成员出资。

每年提取的公积金按照章程规定量化为每个成员的份额。

第三十六条　农民专业合作社应当为每个成员设立成员账户，主要记载下列内容：

（一）该成员的出资额；

（二）量化为该成员的公积金份额；

（三）该成员与本社的交易量（额）。

第三十七条　在弥补亏损、提取公积金后的当年盈余，为农民专业合作社的可分配盈余。

可分配盈余按照下列规定返还或者分配给成员，具体分配办法按照章程规定或者经成员大会决议确定。

（一）按成员与本社的交易量（额）比例返还，返还总额不得低于可分配盈余的60％；

（二）按前项规定返还后的剩余部分，以成员账户中记载的出资额和公积金份额，以及本社接受国家财政直接补助和他人捐赠形成的财产平均量化到成员的份额，按比例分配给本社成员。

第三十八条　设立执行监事或者监事会的农民专业合作社，由执行监事或者监事会负责对本社的财务进行内部审计，审计结果应当向成员大会报告。

成员大会也可以委托审计机构对本社的财务进行审计。

第六章　合并、分立、解散和清算

第三十九条　农民专业合作社合并，应当自合并决议做出之日起10日内通知债权人。合并各方的债权、债务应当由合并后存续或者新设的组织承继。

第四十条　农民专业合作社分立，其财产作相应的分割，并应当自分立决议做出之日起10日内通知债权人。分立前的债务由分立后的组织承担连带责任。但是，在分立前与债权人就债务清偿达成的书面协议另有约定的除外。

第四十一条　农民专业合作社因下列原因解散：

（一）章程规定的解散事由出现；

（二）成员大会决议解散；

（三）因合并或者分立需要解散；

（四）依法被吊销营业执照或者被撤销。

因前款第一项、第二项、第四项原因解散的，应当在解散事由出现之日起15日内由成员大会推举成员组成清算组，开始解散清算。逾期不能组成清算组的，成员、债权人可以向人民法院申请指定成员组成清算组进行清算，人民法院应当受理该申请，并及时指定成员组成清算组进行清算。

第四十二条　清算组自成立之日起接管农民专业合作社，负责处理与清算有关未了结业务，清理财产和债权、债务，分配清偿债务后的剩余财产，代表农民专业合作社参与诉讼、仲裁或者其他法律程序，并在清算结束时办理注销登记。

第四十三条　清算组应当自成立之日起10日内通知农民专业合作社成员和债权人，并于60日内在报纸上公告。债权人应当自接到通知之日起30日内，未接到通知的自公告之日起45日内，向清算组申报债权。如果在规定期间内全部成员、债权人均已收到通知，免除清算组的公告义务。

债权人申报债权，应当说明债权的有关事项，并提供证明材料。清算组应当对债权进行登记。

在申报债权期间，清算组不得对债权人进行清偿。

第四十四条 农民专业合作社因本法第四十一条第一款的原因解散，或者人民法院受理破产申请时，不能办理成员退社手续。

第四十五条 清算组负责制定包括清偿农民专业合作社员工的工资及社会保险费用，清偿所欠税款和其他各项债务，以及分配剩余财产在内的清算方案，经成员大会通过或者申请人民法院确认后实施。

清算组发现农民专业合作社的财产不足以清偿债务的，应当依法向人民法院申请破产。

第四十六条 农民专业合作社接受国家财政直接补助形成的财产，在解散、破产清算时，不得作为可分配剩余资产分配给成员，处置办法由国务院规定。

第四十七条 清算组成员应当忠于职守，依法履行清算义务，因故意或者重大过失给农民专业合作社成员及债权人造成损失的，应当承担赔偿责任。

第四十八条 农民专业合作社破产适用企业破产法的有关规定。但是，破产财产在清偿破产费用和共益债务后，应当优先清偿破产前与农民成员已发生交易但尚未结清的款项。

第七章 扶持政策

第四十九条 国家支持发展农业和农村经济的建设项目，可以委托和安排有条件的有关农民专业合作社实施。

第五十条 中央和地方财政应当分别安排资金，支持农民专业合作社开展信息、培训、农产品质量标准与认证、农业生产基础设施建设、市场营销和技术推广等服务。对民族地区、边远地区和贫困地区的农民专业合作社和生产国家与社会急需的重要农产品的农民专业合作社给予优先扶持。

第五十一条　国家政策性金融机构应当采取多种形式，为农民专业合作社提供多渠道的资金支持。具体支持政策由国务院规定。

国家鼓励商业性金融机构采取多种形式，为农民专业合作社提供金融服务。

第五十二条　农民专业合作社享受国家规定的对农业生产、加工、流通、服务和其他涉农经济活动相应的税收优惠。

支持农民专业合作社发展的其他税收优惠政策，由国务院规定。

第八章　法律责任

第五十三条　侵占、挪用、截留、私分或者以其他方式侵犯农民专业合作社及其成员的合法财产，非法干预农民专业合作社及其成员的生产经营活动，向农民专业合作社及其成员摊派，强迫农民专业合作社及其成员接受有偿服务，造成农民专业合作社经济损失的，依法追究法律责任。

第五十四条　农民专业合作社向登记机关提供虚假登记材料或者采取其他欺诈手段取得登记的，由登记机关责令改正；情节严重的，撤销登记。

第五十五条　农民专业合作社在依法向有关主管部门提供的财务报告等材料中，作虚假记载或者隐瞒重要事实的，依法追究法律责任。

第九章　附　　则

第五十六条　本法自2007年7月1日起施行。

附录三 《农民专业合作社财务会计制度》(摘要)

一、总　　则

(一)为了规范农民专业合作社(以下简称合作社)会计工作,保护农民专业合作社及其成员的合法权益,根据《中华人民共和国会计法》、《中华人民共和国农民专业合作社法》及有关规定,结合合作社的实际情况,制定本制度。

(二)本制度适用于依照《中华人民共和国农民专业合作社法》设立并取得法人资格的合作社。

(三)合作社应根据本制度规定和会计业务需要,设置会计账簿,配备必要的会计人员。不具备条件的,也可以本着民主、自愿的原则,委托农村经营管理机构或代理记账机构代理记账、核算。

(四)合作社应按本制度规定,设置和使用会计科目,登记会计账簿,编制会计报表。

会计核算以人民币"元"为金额单位,"元"以下填至"分"。

(五)合作社的会计核算采用权责发生制。会计记账方法采用借贷记账法。

(六)合作社会计核算应当划分会计期间,分期结算账目。一个会计年度自公历1月1日起至12月31日止。

(七)合作社会计信息应定期、及时向本合作社成员公开,接受成员的监督。对于成员提出的问题,会计及管理人员应及时解答,确实存在错误的要立即纠正。

(八)财政部门依照《中华人民共和国会计法》规定职责,对合作社的会计工作进行管理和监督。

农村经营管理部门依照《中华人民共和国农民专业合作社法》和有关法规政策等,对合作社会计工作进行指导和监督。

（九）本制度自 2008 年 1 月 1 日起施行。

二、会计核算的基本要求

（一）合作社的资产分为流动资产、农业资产、对外投资、固定资产和无形资产等。

（二）合作社的流动资产包括现金、银行存款、应收款项、存货等。

（三）合作社必须根据有关法律法规，结合实际情况，建立健全货币资金内部控制制度。

合作社应当建立货币资金业务的岗位责任制，明确相关岗位的职责权限。明确审批人和经办人对货币资金业务的权限、程序、责任和相关控制措施。

合作社收取现金时手续要完备，使用统一规定的收款凭证。合作社取得的所有现金均应及时入账，不准以白条抵库，不准挪用，不准公款私存。

合作社要及时、准确地核算现金收入、支出和结存，做到账款相符。要组织专人定期或不定期清点核对现金。

合作社要定期与银行、信用社或其他金融机构核对账目。支票和财务印鉴不得由同一人保管。

（四）合作社的应收款项包括本社成员和非本社成员的各项应收及暂付款项。合作社对拖欠的应收款项要采取切实可行的措施积极催收。

（五）合作社应当建立健全销售业务内部控制制度，明确审批人和经办人的权限、程序、责任和相关控制措施。

合作社应当按照规定的程序办理销售和发货业务。应当在销售与发货各环节设置相关的记录、填制相应的凭证，并加强有关单据和凭证的相互核对工作。

合作社应当按照有关规定及时办理销售收款业务，应将销售收入及时入账，不得账外设账。

合作社应当加强销售合同、发货凭证、销售发票等文件和凭证的管理。

（六）合作社应当建立健全采购业务内部控制制度，明确审批人和经办人的权限、程序、责任和相关控制措施。

合作社应当按照规定的程序办理采购与付款业务。应当在采购与付款各环节设置相关的记录、填制相应的凭证，并加强有关单据和凭证的相互核对工作。在办理付款业务时，应当对采购发票、结算凭证、验收证明等相关凭证进行严格审核。

合作社应当加强对采购合同、验收证明、入库凭证、采购发票等文件和凭证的管理。

（七）合作社的存货包括种子、化肥、燃料、农药、原材料、机械零配件、低值易耗品、在产品、农产品、工业产成品、受托代销商品、受托代购商品、委托代销商品和委托加工物资等。

存货按照下列原则计价：购入的物资按照买价加运输费、装卸费等费用、运输途中的合理损耗等计价；受托代购商品视同购入的物资计价；生产入库的农产品和工业产成品，按生产过程中发生的实际支出计价；委托加工物资验收入库时，按照委托加工物资的成本加上实际支付的全部费用计价；受托代销商品按合同或协议约定的价格计价，出售受托代销商品时，实际收到的价款大于合同或协议约定价格的差额计入经营收入，实际收到的价款小于合同或协议约定价格的差额计入经营支出；委托代销商品按委托代销商品的实际成本计价。领用或出售的出库存货成本的确定，可在“先进先出法”、“加权平均法”、“个别计价法”等方法中任选一种，但是一经选定，不得随意变动。

合作社对存货要定期盘点核对，做到账实相符，年末必须进行一次全面的盘点清查。盘亏、毁损和报废的存货，按规定程序批准后，按实际成本扣除应由责任人或者保险公司赔偿的金额和残料价值后的余额，计入其他支出。

（八）合作社应当建立健全存货内部控制制度，建立保管人员岗位责任制。存货入库时，保管员清点验收入库，填写入库单；出库时，由保管员填写出库单，主管负责人批准，领用人签名盖章，保管员根据批准后的出库单出库。

（九）合作社根据国家法律、法规规定，可以采用货币资金、实物资产或者购买股票、债券等有价证券方式向其他单位投资。

（十）合作社的对外投资按照下列原则计价：

以现金、银行存款等货币资金方式向其他单位投资的，按照实际支付的款项计价。

以实物资产（含牲畜和林木）方式向其他单位投资的，按照评估确认或者合同、协议确定的价值计价。

合作社以实物资产方式对外投资，其评估确认或合同、协议确定的价值必须真实、合理，不得高估或低估资产价值。实物资产重估确认价值与其账面净值之间的差额，计入资本公积。

合作社对外投资分得的现金股利或利润、利息等计入投资收益。出售、转让和收回对外投资时，按实际收到的价款与其账面余额的差额，计入投资收益。

（十一）合作社应当建立健全对外投资业务内部控制制度，明确审批人和经办人的权限、程序、责任和相关控制措施。

合作社的对外投资业务（包括对外投资决策、评估及其收回、转让与核销），应当由理事会提交成员大会决策，严禁任何个人擅自决定对外投资或者改变成员大会的决策意见。

合作社应当建立对外投资责任追究制度，对在对外投资中出现重大决策失误、未履行集体审批程序和不按规定执行对外投资业务的人员，应当追究相应的责任。

合作社应当对对外投资业务各环节设置相应的记录或凭证，加强对审批文件、投资合同或协议、投资方案书、对外投资有关权益证书、对外投资处置决议等文件资料的管理,明确各种文件资料的取得、归档、保管、调阅等各个环节的管理规定及相关人员的职责权限。

合作社应当加强对投资收益的控制,对外投资获取的利息、股利以及其他收益,均应纳入会计核算,严禁设置账外账。

(十二)合作社要建立有价证券管理制度,加强对各种有价证券的管理。要建立有价证券登记簿,详细记载各有价证券的名称、券别、购买日期、号码、数量和金额。有价证券要由专人管理。

(十三)合作社的农业资产包括牲畜(禽)资产和林木资产等。

农业资产按下列原则计价:购入的农业资产按照购买价及相关税费等计价;幼畜及育肥畜的饲养费用、经济林木投产前的培植费用、非经济林木郁闭前的培植费用按实际成本计入相关资产成本;产役畜、经济林木投产后,应将其成本扣除预计残值后的部分在其正常生产周期内按直线法分期摊销,预计净残值率按照产役畜、经济林木成本的5%确定,已提足折耗但未处理仍继续使用的产役畜、经济林木不再摊销;农业资产死亡毁损时,按规定程序批准后,按实际成本扣除应由责任人或者保险公司赔偿的金额后的差额,计入其他收支;合作社其他农业资产,可比照牲畜(禽)资产和林木资产的计价原则处理。

(十四)合作社的房屋、建筑物、机器、设备、工具、器具和农业基本建设设施等,凡使用年限在一年以上,单位价值在500元以上的列为固定资产。有些主要生产工具和设备,单位价值虽低于规定标准,但使用年限在一年以上的,也可列为固定资产。

合作社以经营租赁方式租入和以融资租赁方式租出的固定资产,不应列作合作社的固定资产。

(十五)合作社应当根据具体情况分别确定固定资产的入账价值。

第一，购入的固定资产，不需要安装的，按实际支付的买价加采购费、包装费、运杂费、保险费和交纳的有关税金等计价；需要安装或改装的，还应加上安装费或改装费。

第二，新建的房屋及建筑物、农业基本建设设施等固定资产，按竣工验收的决算价计价。

第三，接受捐赠的全新固定资产，应按发票所列金额加上实际发生的运输费、保险费、安装调试费和应支付的相关税金等计价；无所附凭据的，按同类设备的市价加上应支付的相关税费计价。接受捐赠的旧固定资产，按照经过批准的评估价值或双方确认的价值计价。

第四，在原有固定资产基础上进行改造、扩建的，按原有固定资产的价值，加上改造、扩建工程而增加的支出，减去改造、扩建工程中发生的变价收入计价。

第五，投资者投入的固定资产，按照投资各方确认的价值计价。

（十六）合作社的在建工程指尚未完工、或虽已完工但尚未办理竣工决算的工程项目。在建工程按实际消耗的支出或支付的工程价款计价。形成固定资产的在建工程完工交付使用后，计入固定资产。

在建工程部分发生报废或者毁损，按规定程序批准后，按照扣除残料价值和过失人及保险公司赔款后的净损失，计入工程成本。单项工程报废以及由于自然灾害等非常原因造成的报废或者毁损，其净损失计入其他支出。

（十七）合作社必须建立固定资产折旧制度，按年或按季、按月提取固定资产折旧。固定资产的折旧方法可在“平均年限法”、“工作量法”等方法中任选一种，但是一经选定，不得随意变动。

合作社应当对所有的固定资产计提折旧，但是，已提足折旧仍继续使用的固定资产除外。

合作社当月或当季度增加的固定资产，当月或当季度不提折旧，从下月或下季度起计提折旧；当月或当季度减少的固定资产，当月或当季度照提折旧，从下月或下季度起不提折旧。

固定资产提足折旧后，不管能否继续使用，均不再提取折旧；提前报废的固定资产，也不再补提折旧。

（十八）固定资产的修理费用直接计入有关支出项目。

固定资产变卖和清理报废的变价净收入与其账面净值的差额计入其他收支。固定资产变价净收入是指变卖和清理报废固定资产所取得的价款减清理费用后的净额。固定资产净值是指固定资产原值减累计折旧后的净额。

（十九）合作社应当建立健全固定资产内部控制制度，建立人员岗位责任制。应当定期对固定资产盘点清查，做到账实相符，年度终了前必须进行一次全面的盘点清查。盘亏及毁损的固定资产，应查明原因，按规定程序批准后，按其原价扣除累计折旧、变价收入、过失人及保险公司赔款之后，计入其他支出。

（二十）合作社的无形资产是指合作社长期使用但是没有实物形态的资产，包括专利权、商标权、非专利技术等。无形资产按取得时的实际成本计价，并从使用之日起，按照不超过 10 年的期限平均摊销，计入管理费用。转让无形资产取得的收入，计入其他收入；转让无形资产的成本，计入其他支出。

（二十一）每年年度终了，合作社应当对应收款项、存货、对外投资、农业资产、固定资产、在建工程、无形资产等资产进行全面检查，对于已发生损失但尚未批准核销的各项资产，应在资产负债表补充资料中予以披露。这些资产包括：①确实无法收回的应收款项；②盘亏、毁损和报废的存货；③无法收回的对外投资；④死亡毁损的农业资产；⑤盘亏、毁损和报废的固定资产；⑥毁损和报废的在建工程；⑦注销和无效的无形资产。

（二十二）合作社应当定期或不定期对与资产有关的内部控制

制度进行监督检查，对发现的薄弱环节，应当及时采取措施，加以纠正和完善。

（二十三）合作社的负债分为流动负债和长期负债。

流动负债是指偿还期在一年以内（含一年）的债务，包括短期借款、应付款项、应付工资、应付盈余返还、应付剩余盈余等。

长期负债是指偿还期超过一年以上（不含一年）的债务，包括长期借款、专项应付款等。

合作社的负债按实际发生的数额计价，利息支出计入其他支出。对发生因债权人特殊原因确实无法支付的应付款项，计入其他收入。

（二十四）合作社应当建立健全借款业务内部控制制度，明确审批人和经办人的权限、程序、责任和相关控制措施。不得由同一人办理借款业务的全过程。

合作社应当对借款业务按章程规定进行决策和审批，并保留完整的书面记录。

合作社应当在借款各环节设置相关的记录、填制相应的凭证，并加强有关单据和凭证的相互核对工作。合作社应当加强对借款合同等文件和凭证的管理。

合作社应当定期或不定期对借款业务内部控制进行监督检查，对发现的薄弱环节，应当及时采取措施，加以纠正和完善。

（二十五）合作社的所有者权益包括股金、专项基金、资本公积、盈余公积、未分配盈余等。

（二十六）合作社对成员入社投入的资产要按有关规定确认和计量。合作社收到成员入社投入的资产，应按双方确认的价值计入相关资产，按享有合作社注册资本的份额计入股金，双方确认的价值与按享有合作社注册资本的份额计算的金额的差额，计入资本公积。

合作社接受国家财政直接补助形成的固定资产、农业资产和无形资产，以及接受他人捐赠、用途不受限制或已按约定使用的资产计入专项基金。

合作社从当年盈余中提取的公积金，计入盈余公积。

（二十七）合作社的生产成本是指合作社直接组织生产或对非成员提供劳务等活动所发生的各项生产费用和劳务成本。

（二十八）合作社的经营收入是指合作社为成员提供农业生产资料的购买，农产品的销售、加工、运输、贮藏以及与农业生产经营有关的技术、信息等服务取得的收入，以及销售合作社自己生产的产品、对非成员提供劳务等取得的收入。合作社一般应于产品物资已经发出，服务已经提供，同时收讫价款或取得收取价款的凭据时，确认经营收入的实现。

合作社的其他收入是指除经营收入以外的收入。

（二十九）合作社的经营支出是指合作社为成员提供农业生产资料的购买，农产品的销售、加工、运输、贮藏以及与农业生产经营有关的技术、信息等服务发生的实际支出，以及因销售合作社自己生产的产品、对非成员提供劳务等活动发生的实际成本。

管理费用是指合作社管理活动发生的各项支出，包括管理人员的工资、办公费、差旅费、管理用固定资产的折旧、业务招待费、无形资产摊销等。

其他支出是指合作社除经营支出、管理费用以外的支出。

（三十）合作社的本年盈余按照下列公式计算：

本年盈余＝经营收益＋其他收入－其他支出

其中：

经营收益＝经营收入＋投资收益－经营支出－管理费用

投资收益是指投资所取得的收益扣除发生的投资损失后的数额。

投资收益包括对外投资分得的利润、现金股利和债券利息，以及投资到期收回或者中途转让取得款项高于账面余额的差额等。投资损失包括投资到期收回或者中途转让取得款项低于账面余额的差额。

（三十一）合作社在进行年终盈余分配工作以前，要准确地核算全年的收入和支出；清理财产和债权、债务，真实完整地登记成员个人账户。

羊防疫员培训教材	9.00
家兔饲养员培训教材	9.00
家兔防疫员培训教材	9.00
淡水鱼苗种培育工培训教材	9.00
池塘成鱼养殖工培训教材	9.00
家禽防疫员培训教材	7.00
家禽孵化工培训教材	8.00
蛋鸡饲养员培训教材	7.00
肉鸡饲养员培训教材	8.00
蛋鸭饲养员培训教材	7.00
肉鸭饲养员培训教材	8.00
养蜂工培训教材	9.00
小麦标准化生产技术	10.00
玉米标准化生产技术	10.00
大豆标准化生产技术	6.00
花生标准化生产技术	10.00
花椰菜标准化生产技术	8.00
萝卜标准化生产技术	7.00
黄瓜标准化生产技术	10.00
茄子标准化生产技术	9.50
番茄标准化生产技术	12.00
辣椒标准化生产技术	12.00
韭菜标准化生产技术	9.00
大蒜标准化生产技术	14.00
猕猴桃标准化生产技术	12.00
核桃标准化生产技术	12.00
香蕉标准化生产技术	9.00
甜瓜标准化生产技术	10.00
香菇标准化生产技术	10.00
金针菇标准化生产技术	7.00
滑菇标准化生产技术	6.00
平菇标准化生产技术	7.00
黑木耳标准化生产技术	9.00
绞股蓝标准化生产技术	7.00
天麻标准化生产技术	10.00
当归标准化生产技术	10.00
北五味子标准化生产技术	6.00
金银花标准化生产技术	10.00
小粒咖啡标准化生产技术	10.00
烤烟标准化生产技术	15.00
猪标准化生产技术	9.00
奶牛标准化生产技术	10.00
肉羊标准化生产技术	18.00
獭兔标准化生产技术	13.00
长毛兔标准化生产技术	15.00
肉兔标准化生产技术	11.00
蛋鸡标准化生产技术	9.00
肉鸡标准化生产技术	12.00
肉鸭标准化生产技术	16.00
肉狗标准化生产技术	16.00
狐标准化生产技术	9.00
貉标准化生产技术	10.00
菜田化学除草技术问答	11.00
蔬菜茬口安排技术问答	10.00

以上图书由全国各地新华书店经销。凡向本社邮购图书或音像制品，可通过邮局汇款，在汇单“附言”栏填写所购书目，邮购图书均可享受9折优惠。购书30元(按打折后实款计算)以上的免收邮挂费，购书不足30元的按邮局资费标准收取3元挂号费，邮寄费由我社承担。邮购地址：北京市丰台区晓月中路29号，邮政编码：100072，联系人：金友，电话：(010) 83210681、83210682、83219215、83219217(传真)。